Un manuel d'ornement historique

traitant de l'évolution, de la tradition et du développement de l'architecture et d'autres arts appliqués. Préparé à l'usage des étudiants et des artisans

Richard Vitrier

Writat

Cette édition parue en 2023

ISBN : 9789359254197

Publié par
Writat
email : info@writat.com

Contenu

Préface.

Ce manuel a été préparé dans le triple objectif de donner une connaissance élémentaire de l'architecture et de l'ornement historique, d'éveiller un sentiment de sensibilité et de sympathie pour les nombreux vestiges beaux et intéressants de la civilisation ancienne et médiévale , et enfin d'attirer l'attention des étudiants et artisans à la beauté, au caractère suggestif et à la vitalité des arts industriels du passé, et à leur relation intime avec la vie sociale et religieuse du peuple.

Les avantages que les étudiants et les artisans peuvent tirer d'une telle étude sont multiples, car, par une étude minutieuse de ces arts, nous pouvons voir les capacités et les limites du matériau, la pertinence et l'application de l'ornement, la continuité des lignes et des formes. mais avec une diversité marquée d'enrichissement et de traitement : l'intérêt et la signification des détails, ainsi que les coutumes, mythes et traditions du passé avec leur continuité de pensée et d'expression.

Les illustrations, choisies expressément pour ce travail, sont des exemples typiques de chaque période ou style et sont réalisées selon la méthode la mieux adaptée aux exigences des étudiants, en donnant la définition, l'accent et les qualités constructives du design plutôt que picturales. effet.

En annexe se trouve une liste de manuels et d'ouvrages de référence, qui peuvent être étudiés avec un avantage considérable par les étudiants désirant de plus amples informations sur ce sujet important.

RICHARD GLAZIER.

Manchester
   1899.

ORNEMENT D'OCÉANIE. Planche 1 .

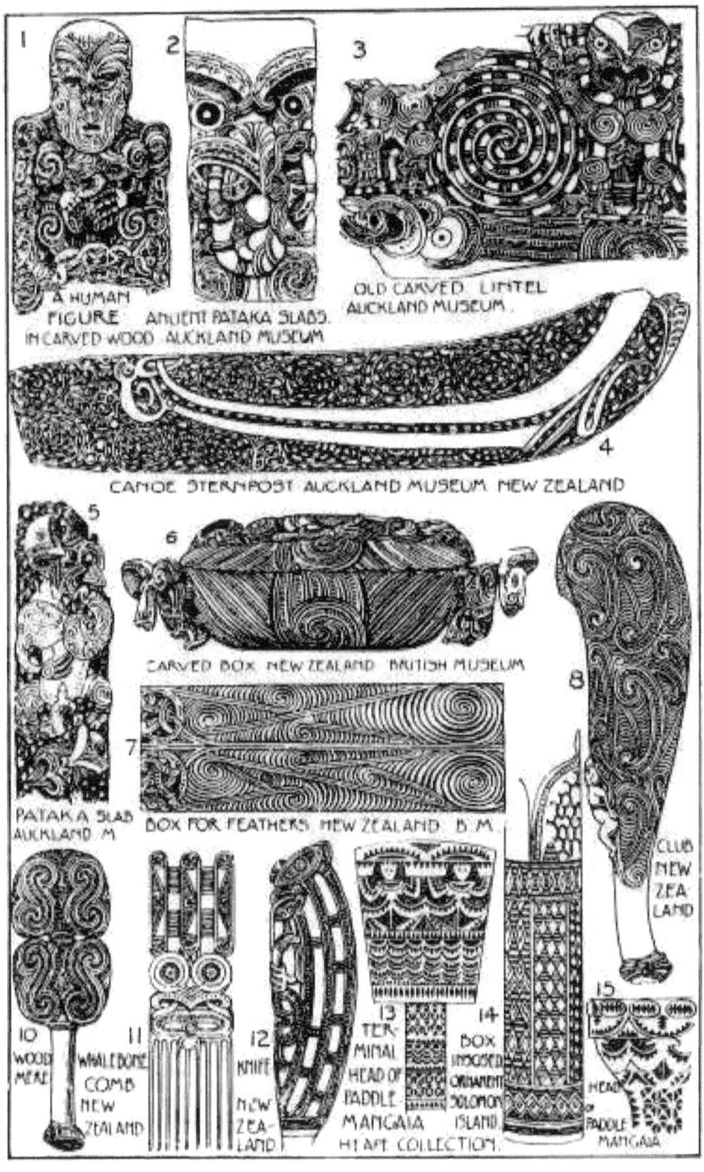

ORNEMENT D'OCÉANIE.

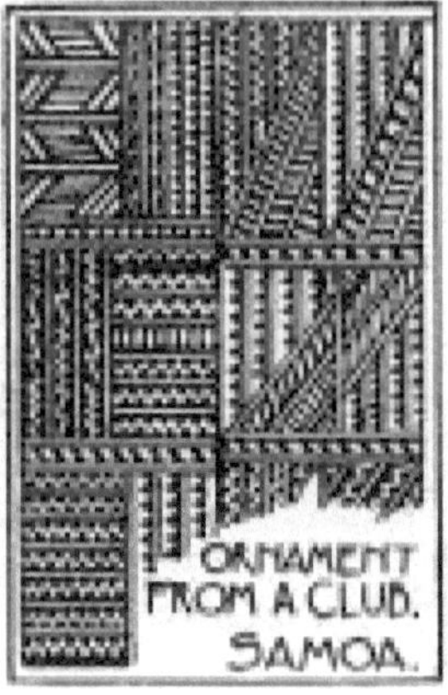

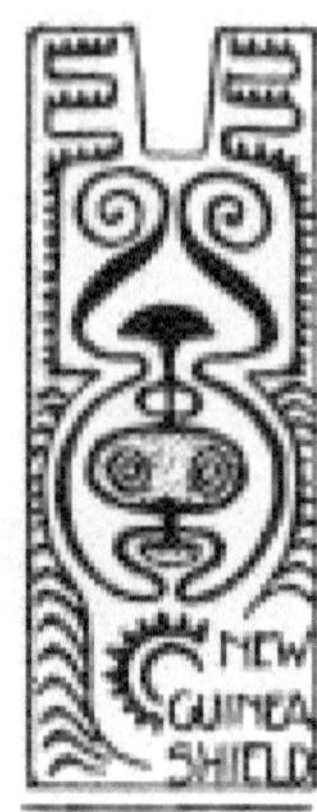

L'ornementation des peuples des îles du Pacifique est pleine d'intérêt et se distingue par l'évolution et le perfectionnement d'un style ornemental par un peuple primitif, avec des mythes et des traditions purement locales et nullement influencées par d'autres nations. C'est un style d'ornement plein de sens et de symbolisme, mais simple dans les détails et la disposition, fondé non pas sur la belle végétation et la flore de leurs îles mais sur des formes abstraites dérivées de la figure humaine, et disposées avec une précision géométrique agréable remarquable pour un peuple primitif.

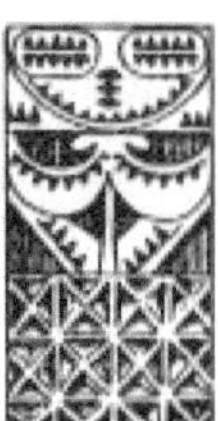
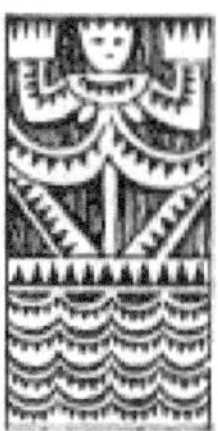
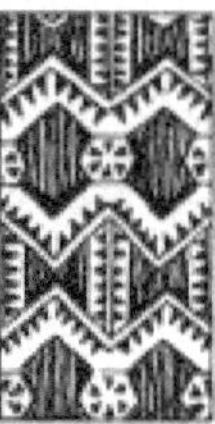
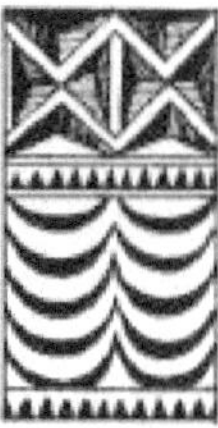

L'art ornemental de ces peuples peut être largement divisé en provinces, chacune avec ses caractéristiques et traditions ornementales distinctes, la Nouvelle-Zélande présentant le développement le plus élevé et l'Australie le plus bas en termes d'ornementation de la Polynésie et de la Mélanésie.

Une grande partie de l'ornement est purement linéaire, composée de lignes parallèles et en zigzag ; celle d'Australie est presque entièrement constituée de ces lignes incisées dans le sol et parfois remplies de couleurs . En Nouvelle-Guinée, on atteint un développement plus élevé, l'ornement, composé de lignes droites et courbes, étant sculpté en relief plat. Dans la province des Tonga-Samoa, la surface est divisée en petits champs, et l'ornement linéaire s'étend dans une direction différente sur chacun des champs. Les îles Hervey et Australes se distinguent par leurs remarquables adaptations de la figure humaine féminine, les illustrations présentées ici montrant le type original et son évolution ornementale. Ces exemples, ainsi que le motif des yeux circulaires, forment les éléments de la province d'Hervey, dont la collection Heape contient de nombreux beaux exemples. Aux Îles Salomon, l'ornement linéaire est parfois entrecoupé d'une incrustation de morceaux angulaires de nacre. La province néo-zélandaise se distingue par son savante sculpture ajourée, la beauté de ses formes en spirale adaptées de la figure humaine, fig. 1. 12., et l'utilisation constante de la frontière ici donnée.

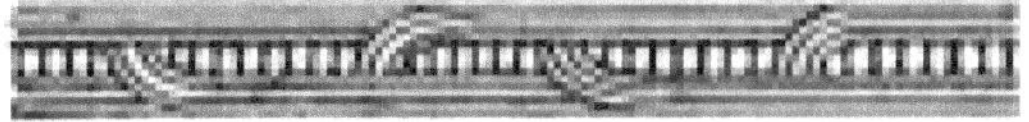

ORNEMENT ÉGYPTIEN. Planche 2.

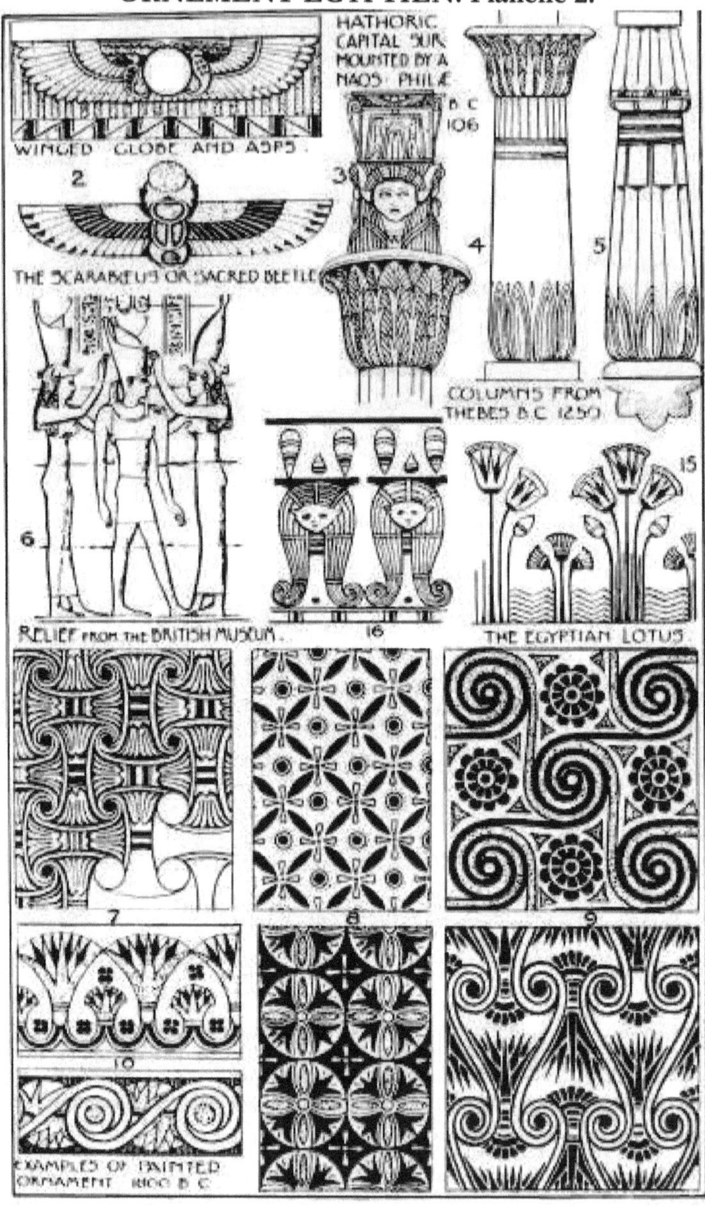

ORNEMENT ÉGYPTIEN .

L'histoire de l'Egypte, s'étendant de 4400 avant JC à 340 avant JC, durant laquelle existèrent 30 dynasties, est habituellement divisée en trois groupes : (1) L'Ancien Empire, I.-XI. dynasties, 4400-2466 avant JC (2) L'Empire du Milieu, XII.-XIX., 2466-1200 ; et (3) le Nouvel Empire, XX.-XXX. dynasties, 1200-340 avant JC

Les capitales de l'Ancien Empire comprenaient Memphis et Abydos ; du Moyen Empire, Thèbes, Louxor et Tanis : et du Nouvel Empire, Saïs et Bubastes . La civilisation remarquable de ces premières dynasties est attestée par les nombreux et beaux vestiges d'architecture, de sculpture et d'arts décoratifs qui enrichissent nos musées nationaux. Les grandes pyramides ont été construites au cours de la quatrième dynastie, la plus grande par Khéops , 3733-3700 avant JC, mesure 756 pieds sur 756 pieds et 480 pieds de haut ; le deuxième, par Kephren , 3666-3633 av . 3600 avant JC

Le Sphinx, mi-animal et mi-humain, est la plus ancienne sculpture connue et date probablement des 1ère et 2ème dynasties. Il est pourtant singulier que toutes les premières sculptures des 3ème et 4ème dynasties que nous connaissons soient des portraits réalistes. remarquable par sa fidélité à la nature. Les rois, les reines et les individus remarquables étaient finement sculptés, souvent d'une taille colossale. Mais les divinités, Amen Skhet , Horus, Hathor, Iris et Osiris, étaient représentées dans les dynasties ultérieures par de petites statuettes votives, remarquables par leur nombre plutôt que par leurs qualités artistiques, n'atteignant jamais l'excellence ou la vitalité de la période antérieure. Une grande partie de l'enrichissement architectural provenait du Cavo Relievo, un mode d'ornementation particulièrement égyptien, le contour des personnages, des oiseaux ou des fleurs étant enfoncé dans la surface du granit ou du basalte, puis sculpté dans ce contour enfoncé, laissant le sol ou lit surélevé, ces reliefs étant invariablement peints en rouge, bleu, vert et jaune. La frise, qui, plus tard, entre les mains des Grecs, devint leur principal champ ornemental, était utilisée par les Égyptiens en bandes superposées, montrant, en cavo relief, les arts et activités industrielles, le tissage, le soufflage du verre et la fabrication de poterie; labourer, semer et récolter, ainsi que chasser et pêcher. La composition et la sculpture de ces incidents étaient simples, raffinées et purement décoratives, avec une *naïveté* et une absence d'affection si appropriées aux conditions architectoniques. À ces incidents se mêlaient les magnifiques hiéroglyphes ou écritures illustrées des Égyptiens. Figues. 7-13 sont des exemples de décors peints montrant la construction de lignes en spirale, ainsi que le traitement symbolique du Lotus, ce dernier étant considéré par les Egyptiens comme un symbole de fertilité et de vie nouvelle, d'où la profusion avec laquelle il était utilisé. dans leurs travaux décoratifs. Une grande fécondité d'invention s'est manifestée en enrichissant leurs chapiteaux architecturaux avec le Lotus, le Papyrus et le Palmier. Un élément singulier introduit au cours de la 18e dynastie était la capitale Hathor surmontée d'un petit Naos. Au cours de la période ptolémaïque, en 300 avant JC, le chapiteau Hathor était placé sur le chapiteau vertical en forme de cloche (fig. 3).

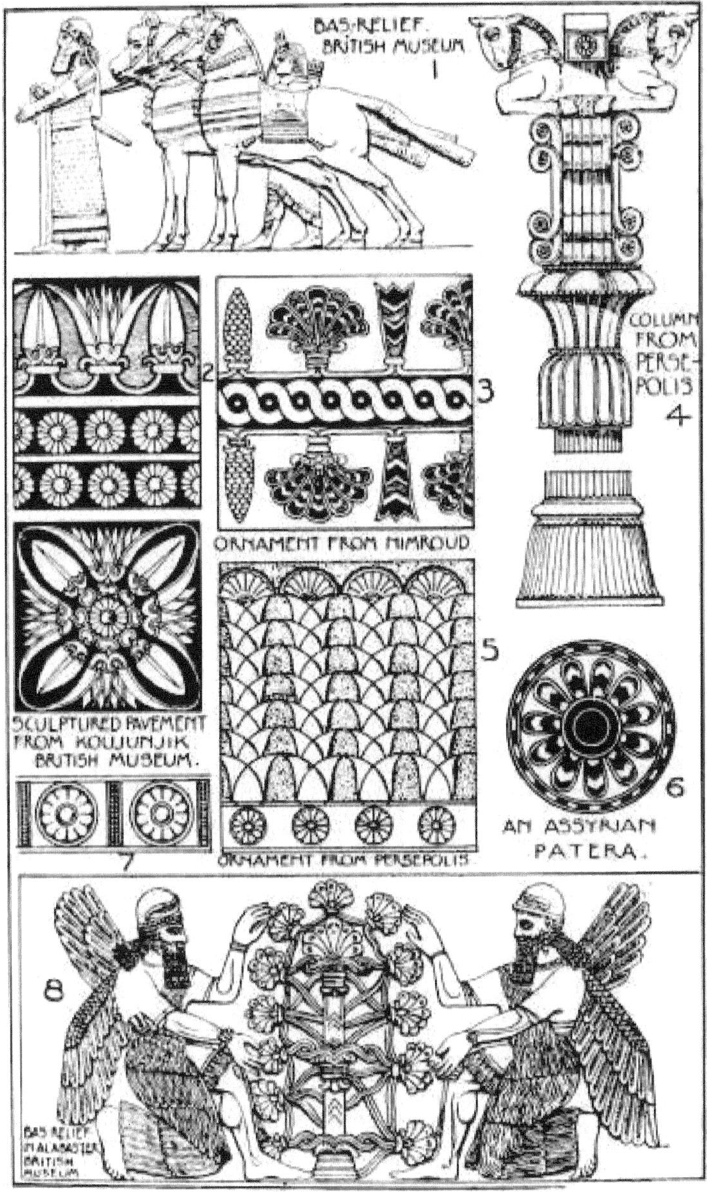
BAS-RELIEF.
BRITISH MUSEUM
1
COLUMN FROM PERSEPOLIS
4
ORNAMENT FROM NIMROUD
3
SCULPTURED PAVEMENT FROM KOUJUNJIK BRITISH MUSEUM.
2
7
5
ORNAMENT FROM PERSEPOLIS
AN ASSYRIAN PATERA.
6
8
BAS-RELIEF IN ALABASTER BRITISH MUSEUM

ORNEMENT ASSYRIEN .

Les débuts de l'histoire de la Babylonie et de l'Assyrie sont une longue série de guerres et de conquêtes. À l'origine une seule nation, ils se sont divisés et la jeune Assyrie du nord est devenue l'empire le plus puissant de cette période sous Tiglath Pileser I., 1100 avant JC, Ashur- nasir -pal, 885-60 avant JC, Shalmaneser II., 860 avant JC. 25, Tiglath-Pileser III., BC 745-27, le Grand Sargon, BC, 722-705, Sennachérib, BC 705-681, Esarhaddon, BC 681-668, et Ashur-ban-pal, BC 668-626. En 609 avant JC, la capitale, Ninive, fut détruite par Cyaxare le Mède, et Babylone reprit le pouvoir sous Nabuchodonosor, 604-562 avant JC ; cette ville fut détruite par Cyrus le Perse, en 539 avant JC.

L'art assyrien, avec ses influences raciales, ses croyances religieuses et ses conditions climatiques, diffère considérablement de l'art égyptien. Bien que l'on trouve de la pierre en Assyrie, les grandes villes furent construites en brique, sans doute à cause des arts et de la civilisation venus de Chaldée, où la pierre était rare et l'argile abondante. Tant à Babylone en Chaldée qu'à Ninive en Assyrie, le type de bâtiment traditionnel était rectangulaire, avec des ouvertures cintrées et des voûtes, construites en briques séchées au soleil ; la partie inférieure du mur était recouverte de grandes dalles d'albâtre, sculptées en bas-relief de scènes représentant le roi et ses guerriers en train de chasser ou de combattre (fig. 1). La partie supérieure du mur était en brique émaillée ou en stuc coloré , avec des détails du Lotus et du Bourgeon, ainsi que la rosace, qui était souvent portée autour de l'archivolte. La représentation des arts industriels et des activités agricoles, si admirablement illustrée sur les reliefs égyptiens, est entièrement absente en Assyrie. Les briques émaillées de Chaldée ont été modelées en bas-relief avec des émaux bleu turquoise, jaune, blanc et noir, de belle qualité et couleur , un splendide exemple est la Frise des Archers du Palais de Suse. Les briques émaillées d'Assyrie étaient généralement plates, ou légèrement modelées, et les émaux étaient moins purs. Les murs extérieurs étaient semblables aux murs intérieurs, mais avec des frises plus grandes et des reliefs plus audacieux, et généralement avec des sujets religieux (fig. 9). Les portails des portes étaient enrichis de taureaux colossaux ailés et à tête humaine, en albâtre, finement sculptés en relief. Des exemples typiques d'ornement assyrien sont le lotus et le bourgeon (fig. 2 et 3), la patera ou rosette (fig. 6 et 7) et la corne ou arbre de vie (fig 8). L'enrichissement du Lotus montre une influence égyptienne et n'a été utilisé qu'au 7ème siècle avant JC, lorsque les relations sexuelles entre les deux nations ont été établies. Il se différencie du lotus égyptien par sa croissance vigoureuse et son profil incurvé, ainsi que par la forme géométrique du calice de la fleur et du bouton (fig. 2).

L'Anthemion ou *Hom* , avec son bourgeon et sa pomme de pin alternés et ses fortes marques latérales, est beau en ligne et en proportion de masse (fig. 3). Le *Hom* est fréquemment utilisé comme fleur sur l'arbre sacré, une forme d'enrichissement qui a influencé une grande partie des tissus textiles persans et siciliens ultérieurs.

ARCHITECTURE GRECQUE. Planche 4.

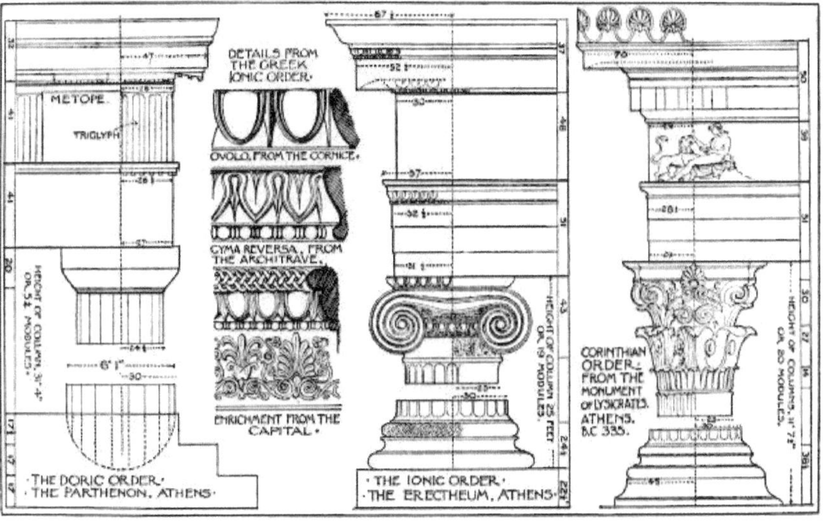

GRECQUE

.

L'architecture classique ou en colonnes est divisée en styles grec et romain, et chaque style comprend plusieurs ordres d'architecture ; les ordres grecs sont les ordres dorique, ionique et corinthien, et de nombreux exemples de chacun de ces ordres existent encore en Grèce et dans ses colonies : Asie Mineure, Italie du Sud et Sicile. D'après une comparaison de ces bâtiments, on observe que certains éléments constructifs et décoratifs sont présents, et par conséquent ils sont considérés comme les caractéristiques du style ou de l'ordre, qui comprend la base (sauf dans le dorique grec, qui n'a pas de base), la colonne et chapiteau et l'entablement, qui comprend l'architrave, la frise et la corniche. Les proportions de ces commandes sont généralement déterminées par le diamètre inférieur de la colonne qui est divisée en 2 modules soit 60 parties ; la hauteur de la colonne incluant toujours la base et le chapiteau. L'ordre DORIC a été utilisé pour les premiers temples grecs à partir de 600 avant JC et a culminé avec le Parthénon en 438 avant JC. Les COLONNES DE CET ORDRE MESURENT 4½ À 6 DIAMÈTRES DE HAUTEUR AVEC 20 CANNELURES PEU PROFONDES AVEC des arêtes intermédiaires pointues ; le CHAPITEAU mesure un demi-diamètre de hauteur et est composé d'une moulure d'échinus ou d'ovolo avec des anneaux ou des canaux profonds en dessous, et d'un grand boulier carré au-dessus. L' ARCHITRAVE est simple ; la FRISE est enrichie de blocs rectangulaires, avec 3 rainures verticales sur la face, appelées triglyphes, en alternance avec des métopes carrées fréquemment sculptées. La CORNICHE , composée de moulures simples et enrichie de mutules au centre des triglyphes et des métopes, dépasse considérablement la face de la frise.

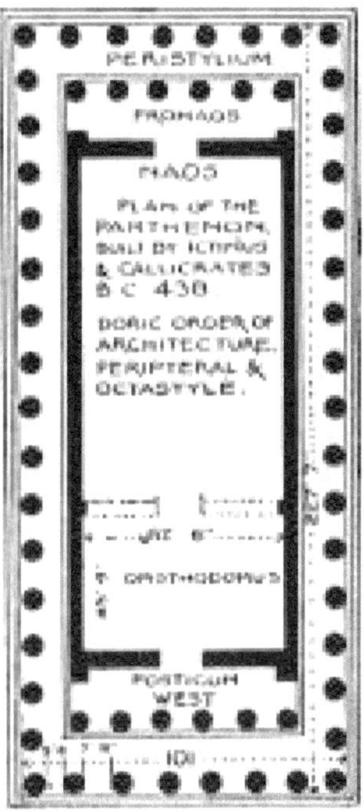

L'ordre IONIQUE comporte des colonnes de 9 à 9½ diamètres de hauteur, avec 24 cannelures divisées par des filets étroits ; la *base* mesure un demi-diamètre de hauteur et est composée d'un socle, d'un tore, d'un filet, d'un cavet, d'un filet, d'un tore et d'un filet. Le CHAPITEAU mesure 7/10 de diamètre de haut et se compose d'une paire de doubles volutes ou volutes, soutenues par une moulure d'échine enrichie de l'œuf et de la langue, avec un astragal en dessous.

L' ENTABLEMENT est ¼ de la hauteur des colonnes, l' ARCHITRAVE d'un ou plusieurs fascias , la FRISE continue et fréquemment enrichie de sculptures en bas-relief ; la CORNICHE PRÉSENTE des moulures simples et composées soutenues par une bande dentelée. Les cariatides étaient parfois introduites dans cet ordre ; c'étaient des figures féminines vêtues de draperies aux plis verticaux qui faisaient écho aux cannelures de la colonne ionique. Ces caryatides soutenaient l'entablement à la place des colonnes ; un bel exemple de cette caractéristique est le portique sud de l' Erechthéion à Athènes.

L'ordre CORINTHIEN n'était pas beaucoup utilisé par les Grecs ; les exemples montrent cependant un raffinement et une délicatesse considérables des détails. Les COLONNES mesurent 10 diamètres de hauteur avec 24 cannelures ; la BASE mesure ½ diamètre ; le CHAPITEAU mesure un peu plus d'un diamètre en hauteur et est enrichi de feuillages d'acanthe et de volutes en spirale. L' ENTABLEMENT est plus riche ; et la CORNICHE plus profonde et plus élaborée que celles des autres ordres.

Un tableau est donné ici montrant la hauteur relative en parties (une partie correspond à 1/60 du diamètre) de l'entablement dans quelques exemples grecs typiques.

		Architrave	Frise	Corniche	Entablement total
dorique	Parthénon	43	43	32	118
	Thésée	50	48	19	107
Ionique	Érechthéion	43	48	47	140
	Priène	37	49	47	133
corinthien	Lysicrates	53	41	49	143
	Jupiter Olympe	40	26	46	112

Les principaux édifices doriques en Grèce sont : les temples de Corinthe en 650 avant JC, Ægina en 550 avant JC, le Parthénon et le Thésée en 438 avant JC, les temples de Jupiter à Olympie, Apollon Épicure à Bassæ en 436 avant JC, Minerve à Sunium et les Propylées à Athènes 431 avant JC. Le Parthénon est le seul temple octastyle de Grèce.

Les bâtiments ioniques en Grèce sont : les temples d' Ilysse , Nike Apteros et l' Erectheum . En Asie Mineure, les temples de Samos, Priène, Teos, et de Diane à Éphèse, et d'Apollon à Milet .

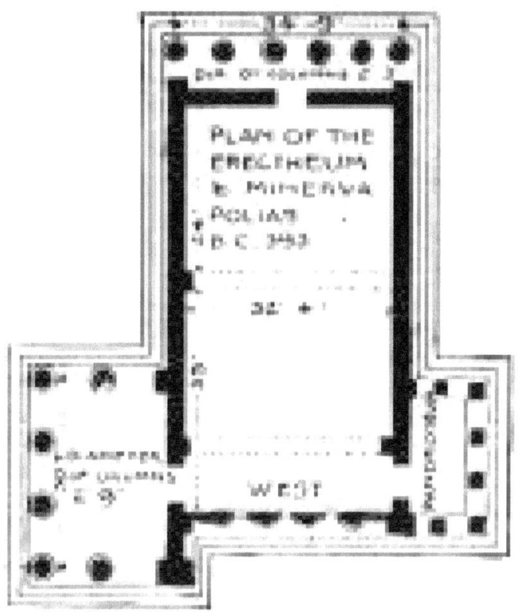

Les bâtiments corinthiens en Grèce sont : Le monument de Lysicrate , la tour des vents et Jupiter Olympius , tous à Athènes.

Au cours du 5ème siècle avant JC, l'ordre dorique était largement utilisé dans les colonies grecques de Sicile. À Acragas ou Agrigente , on trouve les restes de 6 beaux temples doriques hexastyles et périphériques , dont le temple de Zeus 450 avant JC est le plus grand, mesurant 354 pieds sur 173 pieds. Dans ce temple ont été trouvés les Télémones ou Atlantes, figures masculines de 25 pieds de haut, les bras levés, soutenant probablement le toit du temple.

À Selinus, il y a six grands temples doriques, cinq étant hexastyle et périptère , l'autre octastyle et pseudo-diptère, mesurant 372 pieds sur 175 pieds. Ce temple possède des colonnes de 57 pieds de hauteur avec un entablement de 19 pieds. A Egesta , il y a un temple dorique hexastyle, périphérique , avec les colonnes non cannelées, et à Pæstum , dans le sud de l'Italie, il y a deux temples doriques, le temple de Neptune et le temple de Vesta, de forme hexastyle et périptère habituelle , mais la basilique est pseudo-diptère et se distingue par ses deux portiques de neuf colonnes chacun. Tous ces bâtiments en Sicile et à Paestum datent entre 500 et 430 avant JC.

Classification des temples classiques : –

1er.   Les dispositions des colonnes et des murs

(*a*) Lorsque les murs latéraux ne comportent pas de colonnade   *Aptéral*

(*b*) Lorsqu'il y a une colonnade séparée des murs
latéraux

Périphérique

(*c*) Lorsque la colonnade est fixée du côté des parois
latérales

*Pseudo-
périptère*

(*d*) Lorsqu'il y a une double colonnade debout contre
le mur

Diptère

2ème. La relation des extrémités du temple

(*a*) Lorsque les colonnes ne dépassent pas les murs

Dans Antis

(*b*) Lorsqu'un portique se dressait devant le temple

Prostyle

(*c*) Quand il y avait un portique à chaque extrémité

*Amphi -
prostyle*

(*d*) Si le portique avait une colonne de profondeur

Mono-prostyle

(*e*) Si le portique avait deux colonnes de profondeur

Di-prostyle

3ème. Le nombre de colonnes dans le portique

(*a*) Si sur 2 colonnes

Distyle

(*b*) Si sur 4 colonnes

Tétrastyle

(*c*) Si sur 6 colonnes

Hexastyle

(*d*) Si sur 8 colonnes

Octastyle

4ème. L'Intercolonne

(*a*) Si 1½ diamètre de distance

Pycnostyle

(*b*) Si 2 diamètres de distance

Systyle

(*c*) Si 2¼ de diamètres l'un de l'autre

Eustyle

(*d*) Si 3 diamètres de distance

Diastyle

(*e*) Si 4 diamètres d'écart

Aérostyle

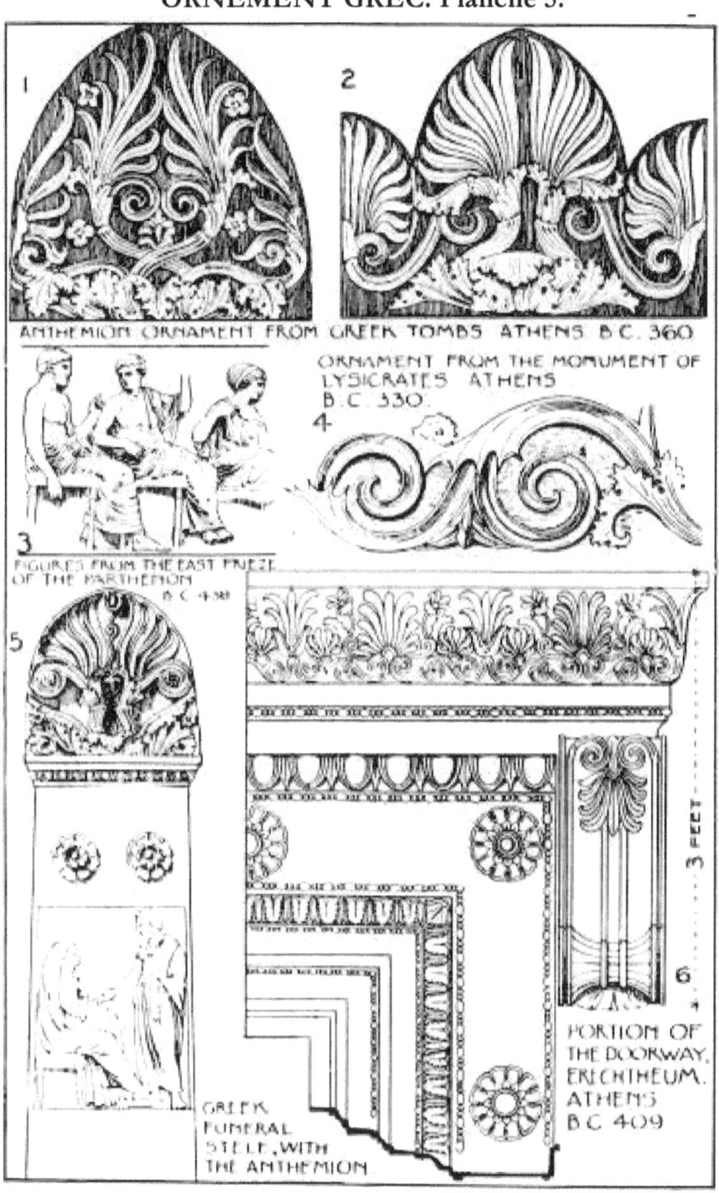

1
2
ANTHEMION ORNAMENT FROM GREEK TOMBS ATHENS B.C. 360
ORNAMENT FROM THE MONUMENT OF LYSICRATES ATHENS B.C. 330.
4
3
FIGURES FROM THE EAST FRIEZE OF THE PARTHENON B.C. 438
5
GREEK FUNERAL STELE, WITH THE ANTHEMION.
3 FEET
6
PORTION OF THE DOORWAY, ERECHTHEUM. ATHENS B.C. 409

GREC

.

La Grèce, ou Hellas, était composée d'un certain nombre de petits États, parlant la même langue et adorant les mêmes dieux. Presque toute la côte égéenne de l'Asie Mineure fut occupée dans les premiers temps par des colonies grecques, qui supplantèrent celles des Phéniciens de Tyr et de Sidon. La partie sud de cette côte était occupée par les Doriens et la partie nord par les Ioniens. Au fil du temps, d'autres colonies grecques furent établies sur la mer Noire et sur la côte méditerranéenne de l'Asie Mineure ; ainsi qu'à Syracuse, Gela et Agrigente , en Sicile, et en Étrurie et Magna Grecia en Italie. Ces colonies semblent avoir atteint un état d'art plus élevé que la Grèce elle-même. L'ascendant sur l'art en Grèce a été apprécié par les Doriens vers 800 avant JC ; après quoi Sparte prit la tête, mais fut à son tour surpassée par les Ioniens, quand Athènes devint le centre de l'art grec et atteignit dans ce domaine un degré de perfection qui est resté inégalé jusqu'à ce jour. Athènes fut détruite par les Perses sous Xerxès, 480 avant JC ; mais sous Périclès (470-29 av. J.-C.) l'art grec atteint son apogée.

Les vestiges abondants, bien que fragmentaires, de l'architecture, de la sculpture et des arts industriels grecs montrent de la manière la plus frappante le sentiment artistique et la culture des premiers Grecs, avec leur grande personnalité et leur sentiment religieux, dans lesquels l'intérêt personnel des dieux et des déesses était concentré. mis en relation avec la vie et les coutumes des gens. Leurs mythes et leurs traditions, leur culte des héros légendaires, la perfection de leur nature physique et leur amour intense du beau étaient caractéristiques du peuple grec, depuis le siège de Troie jusqu'à sa sujétion par Rome, en 140 avant JC. La collection d'art grec, aujourd'hui rassemblée au British Museum et dans d'autres musées européens, fournit l'une des illustrations les plus précieuses des nombreuses et glorieuses traditions du passé. La vitalité de la conception, la dignité et la noble grâce des dieux, la connaissance consommée de la figure humaine et l'habileté exquise de l'artisanat se manifestent ici dans la plus grande diversité de traitements et d'incidents.

L'œuvre de Phidias, le plus célèbre des sculpteurs grecs, est largement représentée au British Museum par de nobles exemples, montrant sa grande personnalité, son merveilleux pouvoir et son influence remarquable sur l'art plastique contemporain et ultérieur.

Le Parthénon, ou temple de la déesse Athéna, qui fut construit sur l'Acropole d'Athènes par Ictinus et Callicrate , entre 454 et 438 av. J.-C., fut enrichi de splendides œuvres de sculpture de Phidias. De nombreux originaux se trouvent maintenant au British Museum et font partie des marbres d'Elgin, achetés au comte d'Elgin en 1815. Les deux frontons du temple contenaient des sculptures en ronde-bosse, plus grandes que nature. Le groupe oriental représente la naissance d'Athéna, et le groupe occidental la lutte d'Athéna et Poséidon pour le sol de l'Attique. Les fragments de ces groupes frontonaux se trouvent maintenant au British Museum et, bien que tristement mutilés, montrent la perfection de la sculpture à l'époque phidienne.

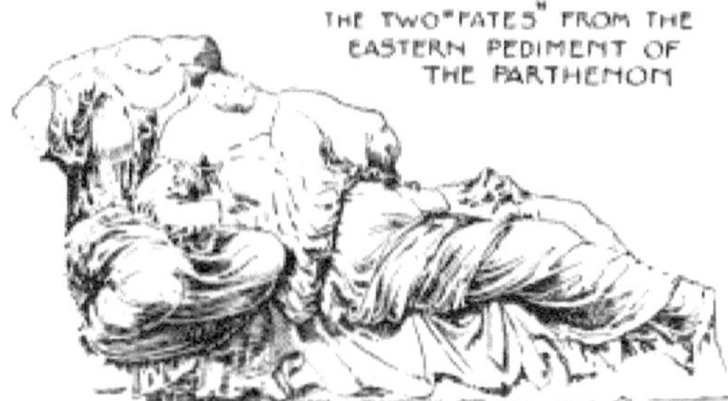

Une illustration des « Destins » du fronton occidental est ici donnée, démontrant une parfaite maîtrise de la figure humaine, avec une rare puissance sélective de composition. L'adéquation de la ligne et de la masse à sa position lui confère une beauté singulière et un caractère architectonique. Parmi les 92 métopes carrées sculptées en haut-relief qui enrichissaient la frise dorique, 15 sont incluses dans les marbres d'Elgin. Le sujet représenté sur ces métopes était la bataille entre les Centaures et les Lapithes , ou Grecs, et sont de beaux exemples de composition de lignes et de masses et de puissance dramatique d'expression.

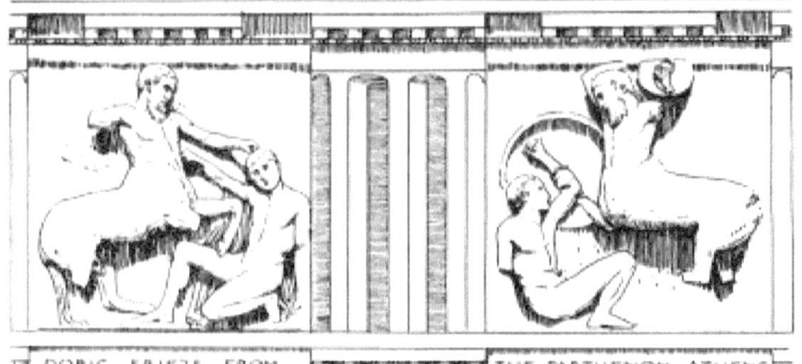

La frise continue sur la partie supérieure du mur de la cella , sous la colonnade ou péristyle, était à 40 pieds du sol, 40 pouces de hauteur et 523 pieds de longueur. Elle était sculptée en bas-relief, le sujet étant la procession des Panathénées , la plus sacrée et la plus splendide des fêtes religieuses des Grecs anciens. Cette frise, avec son rythme de mouvement et son unité de composition, ses groupes de beaux jeunes et jeunes filles, fils et filles de nobles citoyens, ses héros et divinités, hérauts et magistrats ; ses bœufs sacrificiels, ses chevaux et ses cavaliers sont sans doute la production la plus parfaite de l'art du sculpteur. Chaque figure est pleine de vie et de mouvement, admirable dans ses détails, ayant une individualité d'action et d'expression, mais avec une unité de composition, appropriée à son objectif architectural de frise ou de bande.

Le Parthénon, cependant, n'était que le sanctuaire de la figure debout ou statue de la déesse Athéna, qui mesurait 37 pieds de haut et était formée de plaques d'or et d'ivoire, appelée sculpture chryséléphantine. Probablement en raison de la valeur intrinsèque du matériau, cette œuvre de Phidias a disparu très tôt.

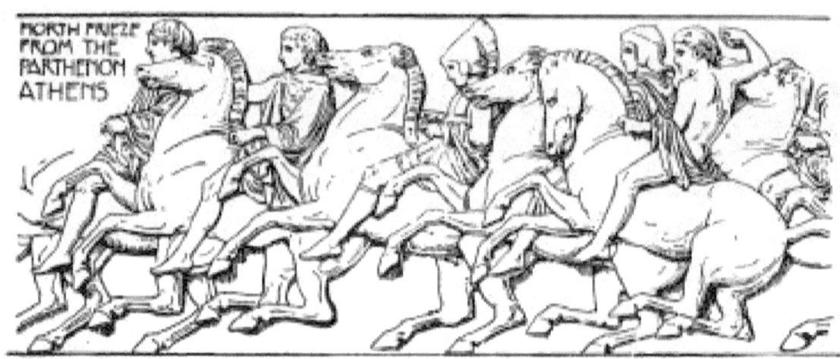

Parmi les exemples de marbres sculptés du British Museum se trouve la belle frise de l'intérieur du temple d'Apollon à Phigaleia , érigée par Ictinus, 450-430 avant JC. Cette frise, qui montre une vitalité et un mouvement extraordinaires, mesure 101 pieds de long et se compose de 23 dalles de 25½ pouces de largeur, les incidents représentés étant la bataille des Grecs et des Amazones, et la lutte entre les Centaures et les Lapithes . La dignité et la réserve de la frise du Parthénon sont ici remplacées par l'activité et l'énergie de la ligne et une exubérance du modelé.

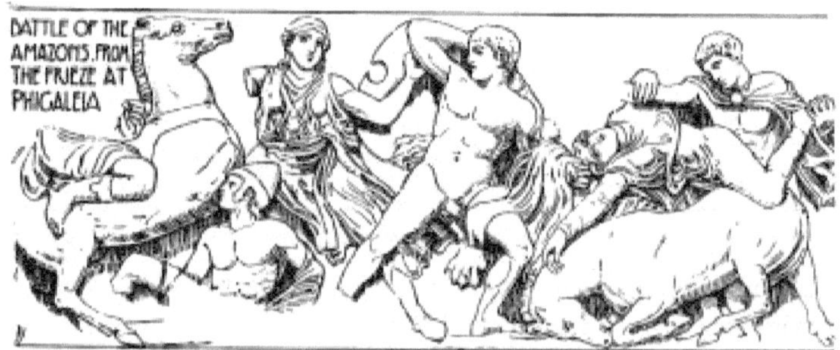

Certains des marbres du British Museum proviennent du monument Néréide de Xanthos, 372 avant JC, ainsi appelé parce que les figures féminines portent des vêtements humides et collants et ont des poissons et des oiseaux marins entre leurs pieds. Ces sculptures présentent un haut degré de perfection et sont probablement l'œuvre du sculpteur athénien Bryaxis .

Parmi d'autres exemples du traitement grec de la frise, on trouve celui de l' Erectheum , 409 avant JC, avec son fond en pierre d'Éleusinienne noire et ses reliefs en marbre blanc. Le temple de Nike Apteros , datant à peu près de la même date, est remarquable pour les beaux reliefs de la balustrade qui couronnait le haut bastion sur lequel se dresse le temple.

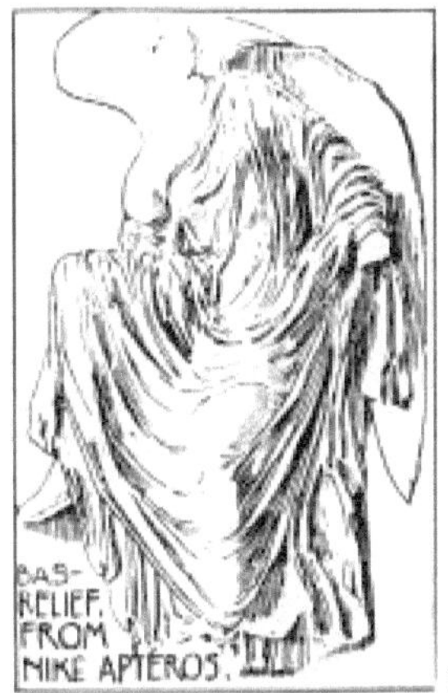

Un exemple de Nike ou de victoire, ajustant sa sandale est ici donné. Ces reliefs sont remarquables par la délicatesse et le raffinement du traitement, ainsi que par le rendu exquis de la figure féminine drapée. D'autres frises maintenant au British Museum proviennent du mausolée érigé par Artemisia à son mari Mausole BC 357-348. Ce tombeau était constitué d'un solide socle en maçonnerie, supportant une cella entourée d'une colonnade de 36 colonnes. La partie supérieure du sous-sol était enrichie d'une frise, illustrant la bataille des Centaures et des Lapithes ; la frise de la cella était illustrée de jeux funéraires en l'honneur de Mausole. Dix-sept dalles de la frise de l'ordre de la colonnade se trouvent au British Museum ; ils représentent la bataille des Grecs et des Amazones. Dans leur composition, ces dalles font preuve d'une extraordinaire énergie de mouvement et d'une richesse d'invention. Cette frise diffère absolument de la frise du Parthénon par sa fécondité d'incidents et l'intensité de son action. Bryaxis , le sculpteur du monument de la Néréide a exécuté la frise nord, tandis que la frise sud a été réalisée par Timothée, l'est par Scopas et l'ouest par Léocharès .

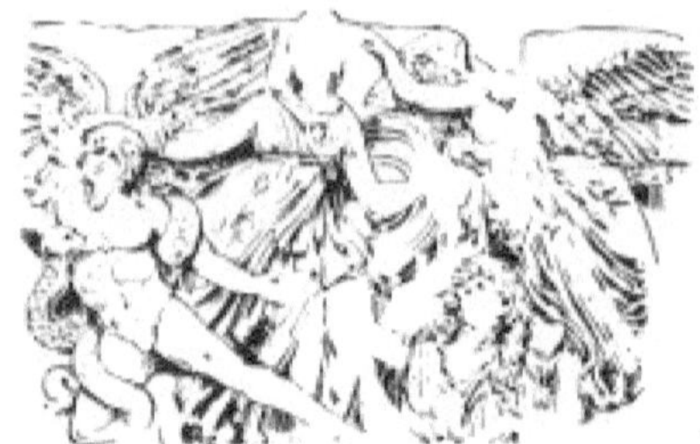

Un bâtiment remarquable, où encore une fois la frise était un élément important, était le grand autel de Pergame, érigé par Eumène II, 168 avant JC. Il avait un sous-sol en maçonnerie de 160 pieds sur 160 pieds et 16 pieds de haut, enrichi avec une frise sculptée de 7½ pieds de haut. Le sujet est la Gigantomachie, ou bataille des dieux et des géants ; le traitement étant caractérisé par une énergie et une expression passionnées, ainsi que par une habileté audacieuse dans le regroupement et la technique. Quatre-vingt-quatorze dalles originales de cette frise se trouvent aujourd'hui

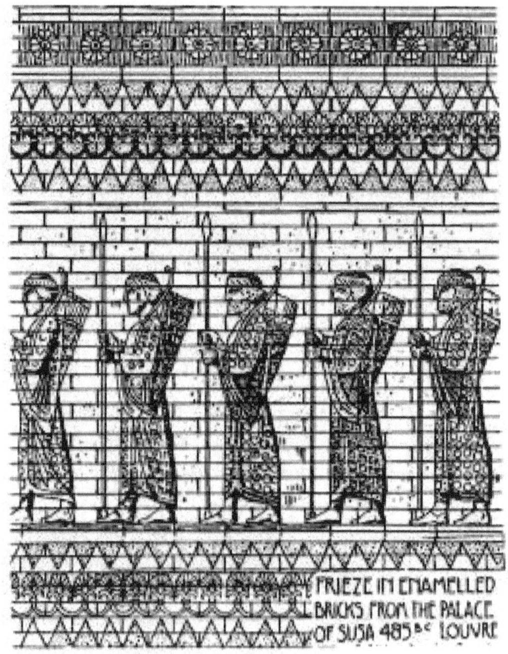

au Musée de Berlin.

La frise était un élément décoratif important chez les Assyriens et les Grecs. La continuité des incidents et le rythme du mouvement qui étaient possibles avec la frise continue, ainsi que son utilisation fonctionnelle des bandes, tendaient sans aucun doute à préserver sa forme traditionnelle, d'où nous avons de nombreux vestiges de l'Antiquité de ce beau traitement décoratif. Un exemple ancien et remarquable est la frise des Archers du palais de Darius à Persépolis, 532 av. J.-C., aujourd'hui conservée au Louvre. Cette frise, dont une illustration est ici donnée, a été exécutée en briques vernissées et émaillées . La dignité de conception et l'unité de composition étaient ici combinées à un modelage habile du travail en relief et à une coloration fine du bleu, du turquoise et du jaune. Ce traitement de la frise a sans doute influencé les travaux ultérieurs des Grecs, qui ont si noblement perpétué cette tradition de la frise.

L'ornement grec se distingue par la simplicité des lignes, le raffinement des détails, le rayonnement des pièces, l'unité de composition et la symétrie

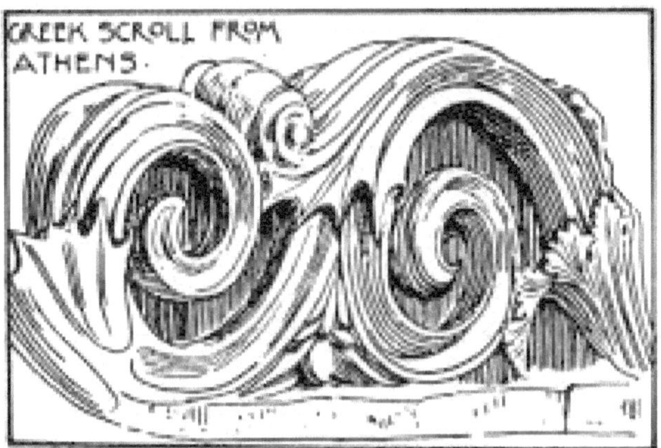

parfaite. L'anthémion, qui est la forme typique, est dérivé du lotus et du bourgeon traditionnels d'Égypte, d'Assyrie et d'Inde. Il diffère cependant par son rendu plus abstrait et son absence de symbolisme, ayant un charme de composition et une unité et un équilibre de parties, mais dépourvu de cet intérêt et de cette signification plus profonde associés à de nombreuses périodes de l'art.

L'anthémion était sculpté au sommet de la stèle funéraire (fig. 1, 2 et 5, planche 4), sur l'architrave des portes (fig. 6) et au-dessus du col des colonnes ioniques (planche 6) ; ou peints sur les panneaux des profonds plafonds à caissons. Il était également utilisé de mille façons sur les nombreux vases raffinés et autres objets en céramique de cette période. La simplicité et

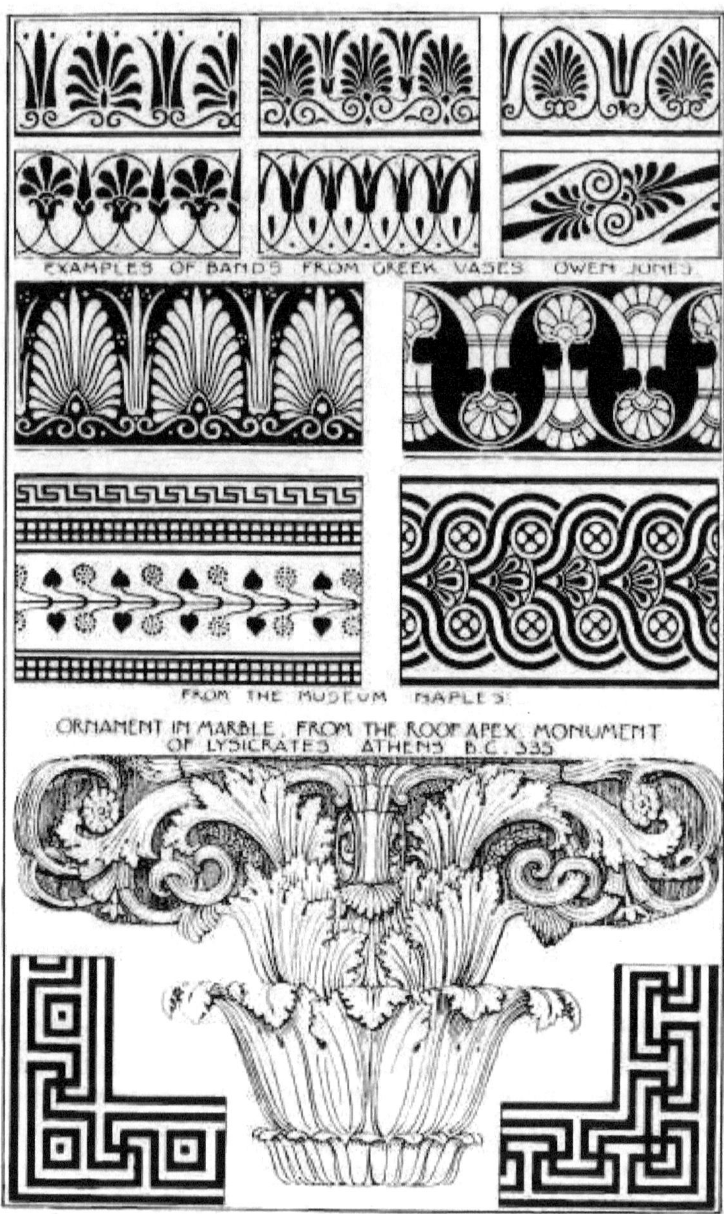

La beauté de l'anthémion et sa facilité d'adaptation en ont sans doute fait l'un des types d'ornement les plus connus . Comme le prototype égyptien et assyrien , l'anthemion grec est généralement disposé avec une fleur et un bouton alternés, reliés par une ligne courbe ou plus fréquemment par une double spirale. Des illustrations sont données sur la planche ci-contre de quelques exemples typiques, où le rythme et la beauté de la composition sont révélateurs de la culture et de la perfection de l'artisanat grec.

Un autre élément, qui reçut plus tard un développement considérable, était le rouleau donné à la page précédente, qui est un bel exemple provenant du toit du monument à Lysicrate . La volute découpée en sections en forme de V, jaillit d'un nid de feuillage d'acanthe acéré, les mêmes caractéristiques étant observées dans le nid de feuillage qui soutient le trépied au sommet du toit (planche 6). Cette volute est formée d'une série de spirales jaillissant les unes des autres, la jonction de la spirale étant recouverte par une gaine ou fleur ; la spirale elle-même étant souvent brisée par une gaine similaire.

Cette forme en spirale, avec son revêtement, est à la base des styles de la Renaissance romaine et italienne et les différencie nettement de l'ornement gothique, dans lequel la ligne de construction est continue et ininterrompue.

La rosace, survivance de la forme assyrienne traditionnelle, était fréquemment utilisée sur l'architrave (fig. 6) et la stèle funéraire (fig. 5 planche 5) où sa forme circulaire et rayonnante contraste si joliment avec les lignes droites fonctionnelles de la conception architecturale. . L'extraordinaire vitalité et la polyvalence des artisans grecs peuvent être retracées à travers une magnifique série de pièces de monnaie datant de 700 avant JC à 280 avant JC. L'intérêt du sujet, la beauté de la composition et l'ampleur du style, combinés à la plus grande délicatesse de la technique, de ces pièces d'or. , les pièces d'argent et d'électrum sont un reflet du sens artistique de la beauté des premiers Grecs.

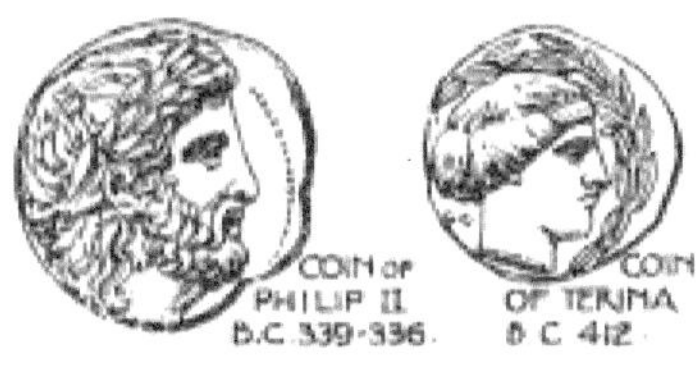

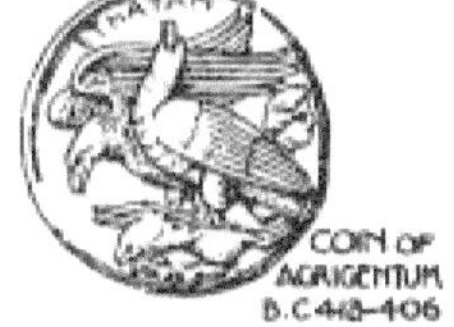

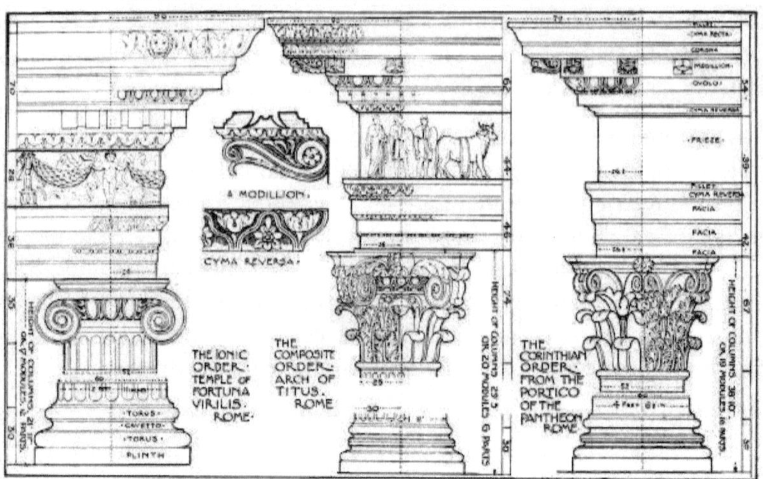
A MODILLION.
CYMA REVERSA.
THE IONIC
ORDER.
TEMPLE OF
FORTUNA
VIRILIS.
ROME.
TORUS.
CAVETTO.
TORUS.
PLINTH.
THE
COMPOSITE
ORDER.
ARCH OF
TITUS.
ROME.
HEIGHT OF COLUMNS 23.5
OR 20 MODULES 6 PARTS.
THE
CORINTHIAN
ORDER.
FROM THE
PORTICO
OF THE
PANTHEON
ROME.
CYMA RECTA.
CORONA.
MODILLION.
OVOLO.
CYMA REVERSA.
FRIEZE.
FILLET.
CYMA REVERSA.
FACIA.
FACIA.
FACIA.
HEIGHT OF COLUMNS 38.10.
OR 19 MODULES 16 PARTS.

ROMAINE

.

L'architecture romaine se différencie de celle de la Grèce par l'usage intensif de l'arc et des ordres superposés. Les nombreux et beaux vestiges de temples et d'édifices publics romains montrent l'extraordinaire polyvalence et la conception des architectes romains, leur habileté constructive et leur remarquable capacité à assimiler les arts d'autres nations. Les temples romains avaient un plan quelque peu similaire aux prototypes grecs, mais généralement sans colonnade latérale, de plus grande échelle et avec un affichage ostentatoire de moulures et d'ornements, moins raffinés dans les contours et les détails.

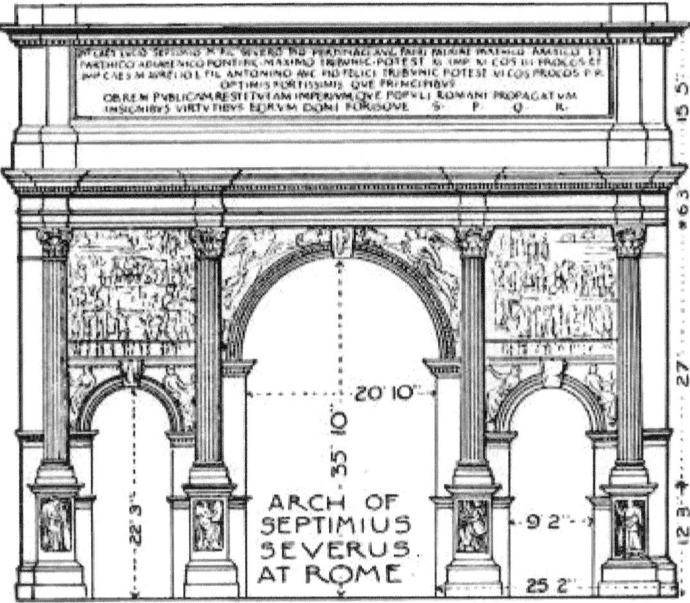

Un exemple typique est donné ici d'un arc de triomphe, à savoir celui de Septime Sévère, en 211 ap. Constantin, qui utilisa de nombreux reliefs pour construire son propre arc.

La superposition des colonnes et des arcs est montrée dans l'illustration annexée du Théâtre de Marcellus, où l'ordre inférieur est du dorique et le

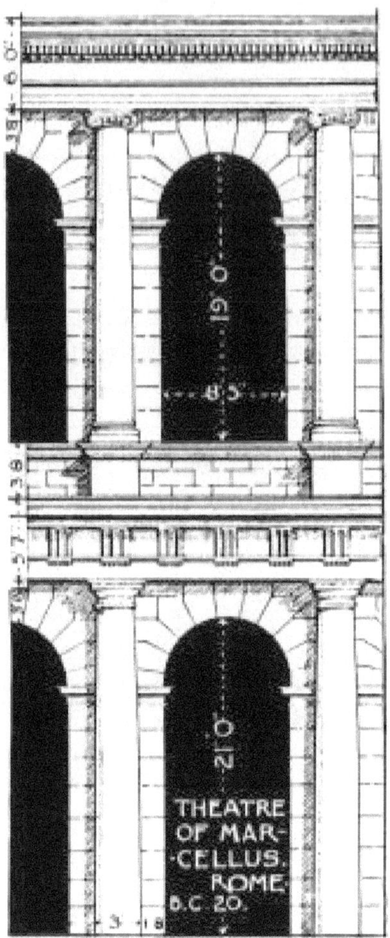

supérieur de l'ionique. Le Colisée a un troisième étage, d'ordre corinthien , et un étage mansardé, avec des pilastres corinthiens ; le tout atteignant une hauteur de 156 pieds.

L'un des bâtiments les mieux conservés de la période romaine est le Panthéon, avec son beau plafond en forme de dôme composé de panneaux à caissons, enrichi d'ornements en bronze. Le portique, octastyle et di-prostyle, est d'ordre corinthien, joliment proportionné et enrichi. Le plus bel exemple de l'ordre corinthien a été utilisé dans le temple de Castor et Pollux, fréquemment appelé Jupiter Stator ; une cinquantaine d'exemples de cet

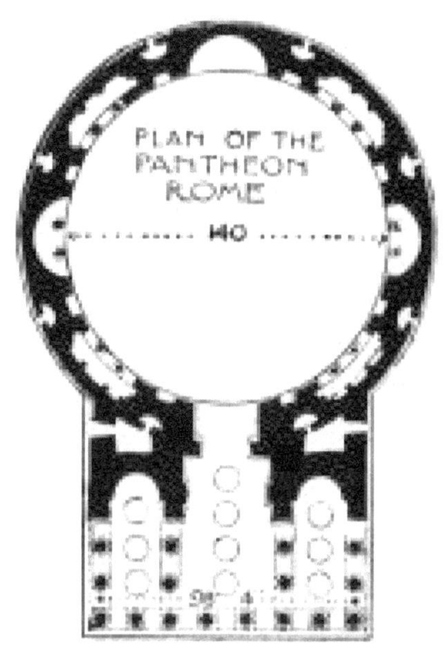

ordre corinthien datent de la période romaine. Les ordres *toscan* et *composite* ont été ajoutés par les Romains aux ordres dorique, ionique et corinthien, formant les cinq ordres d'architecture.

Le tableau suivant donne les proportions relatives des ordres romains typiques, des colonnes en modules, et du chapiteau, entablement, etc., en parties : —

		Colonnes.	Capital.	Architrave.	Frise.	Corniche.	Entablement.
Dorique.	Théâtre de Marcellus	15½	24	31	46	37	113
	Thermes de Dioclétien	16	22	32	45	46	123
Ionique.	Théâtre de Marcellus	18	31	43	36	66	145

	Temple de Virilis	17½	33¾	38	28	70	137
Corinthien.	Stator de Jupiter	20	66	43	43	69	156
	Panthéon	19½	67	42	39	54	136

Les Romains utilisaient rarement le temple à péristyle, c'est pourquoi la cella avait la même largeur que le portique. Dans les bâtiments civils et les palais, les Romains font preuve de la plus grande habileté constructive et de la plus grande splendeur de l'embellissement. La planification habile et la pertinence du traitement décoratif de leurs basiliques et amphithéâtres témoignent du caractère pratique des Romains.

La basilique ou salle de justice était un élément architectural important, de plan rectangulaire, avec une abside semi-circulaire à une extrémité, où se trouvait le Tribunal ; couvert d'une charpente en bois, ou voûté de béton et soutenu par des rangées de colonnes ou de bières. Les vestiges de deux basiliques romaines typiques existent encore : la basilique de Trajan, 114 après J.-C., rectangulaire, 180 × 160 pieds, cinq nefs, la nef centrale avec un toit en bois semi-circulaire et enrichi de plaques de bronze, est typique de une classe; et la basilique de Maxentinus , 310 après JC, avec une largeur de 195 pieds et une longueur de 260 pieds, est typique d'une basilique voûtée, les deux bas-côtés avec un toit voûté et le bas- côté central avec un toit voûté entrecroisé.

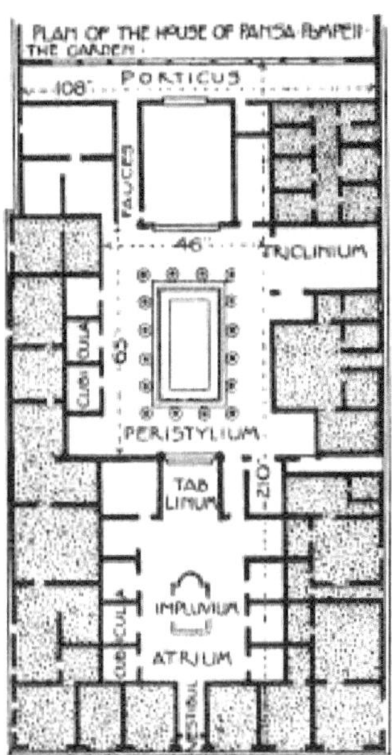

Ces basiliques romaines furent adoptées par les premiers chrétiens pour leur service, et l'église basilique était la forme typique utilisée jusqu'au XIIe siècle dans les provinces romanes.

Les maisons romaines étaient de deux types : les *Domus* , ou maisons regroupées, et les *Insulaires* , maisons entourées de rues. La plupart des plus belles maisons pompéiennes étaient de type *insulaire* .

Le plan habituel d'une maison romaine consistait en un *Ostium* ou entrée, parfois appelé *Vestibule* , qui ouvrait sur l' *Atrium* , qui était une grande pièce ou cour partiellement couverte, avec une ouverture au centre appelée *Conpluvium* , sous laquelle se trouvait le *Impluvium* , ou citerne d'eau, placée en dessous du niveau du sol. De petites chambres entouraient l' *Atrium* , et à l'autre extrémité se trouvait le *Tablinum* ou salle privée, menant fréquemment au *Peristylium* ou partie privée de la maison, une cour ouverte, avec une colonnade entourant une fontaine de marbre, avec des fleurs, des arbustes et des arbres, formant un *Viridarium* . Autour du *péristyle* se trouvaient des pièces privées, dont l'une était le *Triclinium* ou salle à manger. Du *Péristylium* , *des robinets* ou passages menaient au *Portique* , une colonnade qui surplombait le jardin.

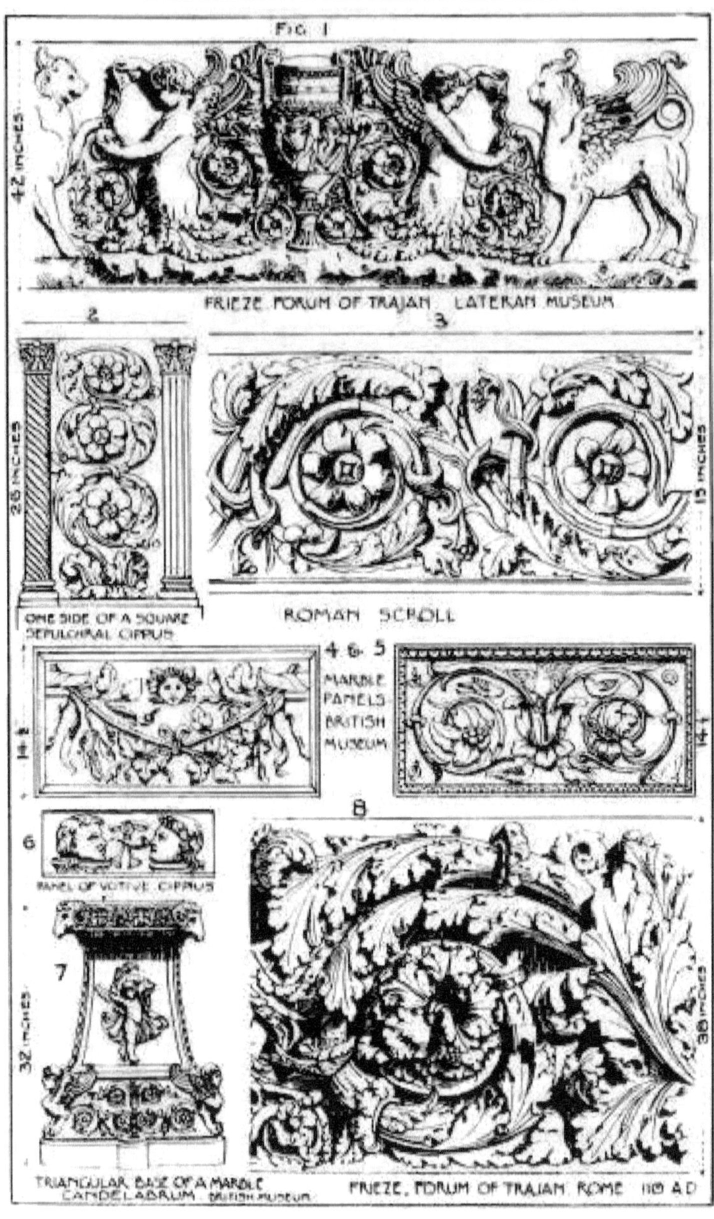

FIG. 1
42 INCHES
FRIEZE FORUM OF TRAJAN   LATERAN MUSEUM
2
26 INCHES
ONE SIDE OF A SQUARE
SEPULCHRAL CIPPUS
3
15 INCHES
ROMAN SCROLL
4 & 5
MARBLE PANELS BRITISH MUSEUM
6
PANEL OF VOTIVE CIPPUS
7
32 INCHES
TRIANGULAR BASE OF A MARBLE
CANDELABRUM BRITISH MUSEUM
8
38 INCHES
FRIEZE, FORUM OF TRAJAN ROME 110 A.D.

ROMAIN

Rome, fondée par Romulus, en 783 avant JC, devint par les guerres et les conquêtes successives la maîtresse du monde, absorbant les arts et l'architecture des Étrusques en 567 avant JC, des Samnites en 340 avant JC, et de Corinthe et de Carthage en 146 avant JC. De ces sources variées est né le style dit romain, assimilant et adoptant la colonne et l'entablement horizontal des Grecs ; l'arc, la voûte, les peintures murales et l'utilisation décorative du bronze et de la terre cuite des Étrusques, avec la sculpture, l'ornementation, les mosaïques et la monnaie des Grecs et des Carthaginois. Ces arts variés ont été assimilés et perfectionnés par les Romains entre 100 avant JC et 337 après JC.

L'ornement romain est la continuité des styles grec et étrusque, constitué de l'anthémion, de l'acanthe et du rouleau ; les Romains utilisaient ces formes avec plus d'exubérance et d'élaboration, ainsi que des sculptures audacieuses et vigoureuses, mais il leur manquait la simplicité, le raffinement et les contours gracieux des formes grecques et étrusques.

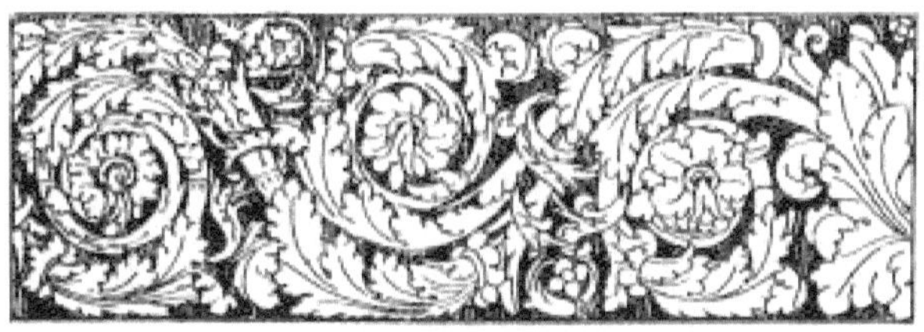

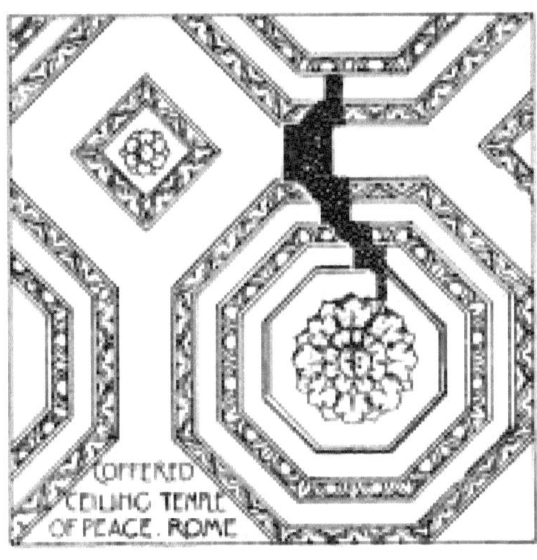

L'ornement romain se compose en grande partie de lignes spirales continues recouvertes de coupes et de gaines de feuillage d'acanthe, les différentes spirales se terminant par une rosace. Ces spirales principales sont fréquemment entrelacées de fines lignes courbes ou spirales, habillées d'acanthe ou d'autres feuillages, comme la vigne, l'olivier et le lierre. Les oiseaux, les reptiles et les amours, ainsi que la chimère ou le griffon (fig. 1) sont souvent intercalés avec l'ornement, donnant ainsi cette ampleur de masse et ce contraste de forme si caractéristiques de l'art romain.

Les Thermes , ou bains et édifices publics, présentaient de beaux plafonds décoratifs, comportant de profonds panneaux enfoncés appelés Lacunaria ; ou des coffres, de forme carrée, hexagonale ou octogonale, avec une rosace centrale en haut relief et les moulures de bordure des coffres enrichies de l'œuf et du dard ou de la feuille d'eau. Ceux-ci présentent un traitement efficace des surfaces moulées . Les plafonds des tombeaux et des palais étaient dans de nombreux cas ornés

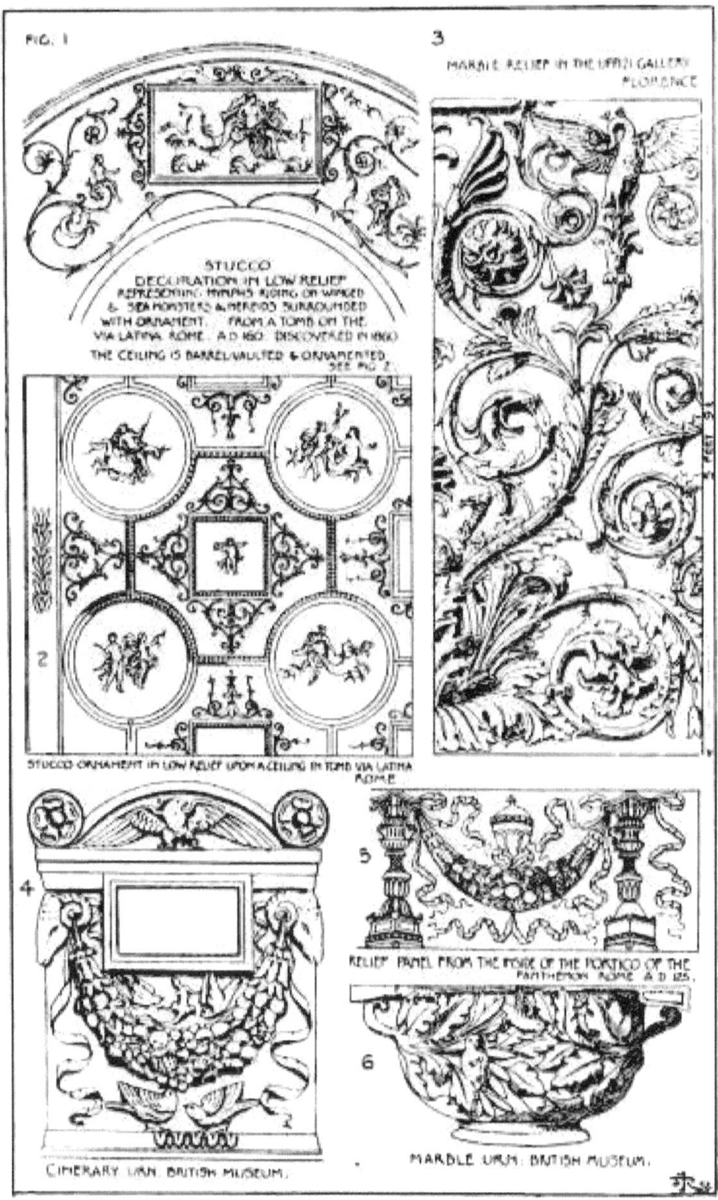

à panneaux circulaires et carrés, richement décorés d'arabesques ou de figures mythiques, et d'amours en bas-relief de stuc fin ; les moulures ou divisions en relief plus élevé, et ayant la feuille d'eau ou l'enrichissement de l'œuf et de la fléchette (planche 9.)

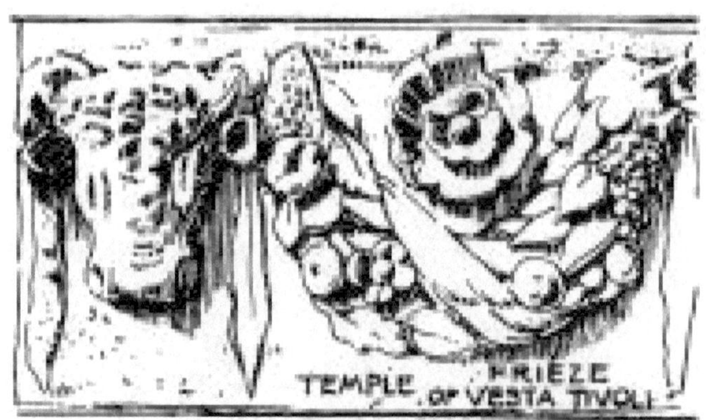

La frise architecturale ainsi que l'urne sépulcrale et les sarcophages de cette époque étaient souvent décorés de festons (fig. 4 et 5, planche 9), et étaient soutenus par des amours ou par des candélabres (planche 9), ou par des crânes de bœufs, comme sur la frise du temple de Vesta à Tivoli, donnée ici, qui est sans aucun doute une survivance de la coutume sacrificielle du culte.

La basilique architecturale et le forum de Trajan, érigés en 114 après JC par Apollodore , un Grec de Damas, étaient de la plus haute magnificence, les vestiges attestant de l'habileté et du savoir-faire artistique des Romains. Apollodore a également érigé la colonne de marbre de Trajan, ayant un piédestal rectangulaire de 18 pieds de haut et richement sculpté des robes, des armures et des étendards de l'armée romaine. Ce piédestal supporte une colonne de l'ordre architectural toscan de 97¼ pieds de haut et 12 pieds de diamètre, enrichie d'une série de bandes spirales, comportant des bas-reliefs représentant les événements successifs de la guerre des Daces par l'empereur Trajan.

Cette magnifique relique de l'Antiquité, bien conservée, fournit un aperçu complet des costumes, des armes et armures de cette période. Une autre colonne bien conservée, semblable à celle de Trajan, fut érigée à Rome par Marc Aurèle en 174 après J.-C., le sujet de ses reliefs étant la guerre avec les Marcomans . De grandes urnes en marbre, ou Tazzas, enrichies de figures bacchanales, entourées de feuillages et d'oiseaux et d'animaux ; de magnifiques tables, chaises, canapés et candélabres en bronze enrichis de damasquinage d'argent, ainsi que les restes choisis de sculptures et de mosaïques, tout indique le luxe et l'amour de la magnificence des riches citoyens romains.

Dans l'ornementation architecturale romaine, nous voyons le modelé le plus puissant combiné à l'utilisation du rouleau continu poussant à partir d'un nid de feuillage, répété dans leurs décorations peintes (voir Pompéien). Cette élaboration de l'ornementation grecque typique et des dentelures arrondies de l'acanthe constitue la principale caractéristique de l'ornement romain, qui est merveilleusement audacieux et vigoureux dans la conception et l'exécution, mais déficient dans le raffinement et la délicatesse de l'art grec.

ORNEMENT POMPÉIEN. Planche 10.

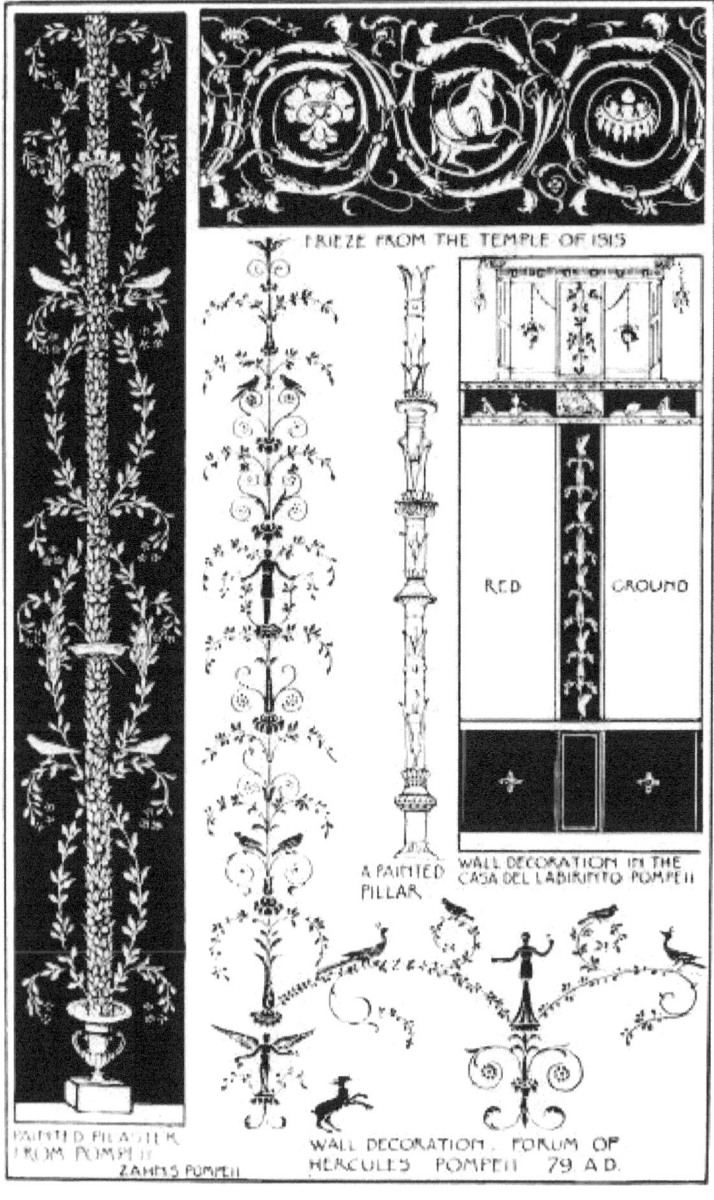

ORNEMENT POMPÉIEN .

Pompéi, Herculanum et Stabia, villes romaines, furent ensevelies par une éruption du Vésuve en 79 après JC. Ces villes avaient déjà souffert d'un tremblement de terre en 63 après JC et étaient en cours de reconstruction rapide lorsqu'elles furent finalement détruites par l'éruption. L'historien Pline le jeune fut spectateur de l'événement de Pompéi et écrivit deux lettres à son ami Tacite, décrivant l'événement et sa fuite de la ville condamnée, qui resta ensevelie pendant dix-sept siècles, avec les trésors d'or et d'argent. , des bronzes d'une facture rare, des peintures murales d'une échelle des plus magnifiques et des sols en mosaïques d' une exécution et d'un design merveilleux ; tout ce qui donne un aperçu vivant de la vie domestique et publique des Romains du 1er siècle après JC. Herculanum a été découverte en 1709 et Pompéi en 1748 après JC, et de ces villes de nombreux vestiges d'art précieux ont été emportés. Au musée de Naples, il y a plus de 1 000 peintures murales, quelque 13 000 petits bronzes, plus de 150 grands bronzes de personnages et de bustes, 70 belles grandes mosaïques, ainsi qu'une splendide collection de statues en marbre.

Un plan d'une maison romaine est donné à la page 23 montrant la disposition et l'utilisation des pièces. Les sols recouverts de mosaïques, ceux du vestibule, des couloirs et des petites pièces présentent des motifs simples entourés de bordures du motif clé, ou du guilloché en tesserie noire, rouge, grise et blanche . Le triclinium, ou sol de la salle à manger, était souvent une magnifique mosaïque représentant un sujet mythologique ou classique. Les murs étaient peints en couleur , généralement avec un dado ⅙ de la hauteur du mur, avec des pilastres divisant le mur en panneaux rectangulaires et une frise au-dessus (planche 10). La palette générale de couleurs était la suivante : le dado et les pilastres étaient noirs, les panneaux rouges et la frise blanche ; ou dado noir, pilastres et frise rouges, avec panneaux blancs ou jaunes. Les décorations sur ces divers fonds colorés étaient légères et fantaisistes, et peintes avec une grande délicatesse. Les représentations de formes architecturales, telles que les colonnes et les entablements, sont souvent mises en perspective sur les murs peints. Un petit panneau peint avec un sujet classique occupe généralement le centre de chaque panneau mural.

L'ornement peint présente à peu près les mêmes caractéristiques que le relief romain, mais son traitement est généralement beaucoup plus délicat. La forme en spirale et la gaine sont toujours prédominantes et à partir de ces gaines et coupes poussent les vrilles les plus fines ou les gerbes de feuillage délicatement peintes, sur lesquelles les oiseaux sont placés.

Les enrichissements en stuc, tels que les cordons ornementaux et les moulures , étaient fréquemment combinés avec l'ornement peint ; ils consistent en de petits détails, tels que la feuille d'eau, l'œuf et le dard, et l'anthémion, et sont répétés en une série régulière.

ORNEMENT BYZANTIN. Planche 11.

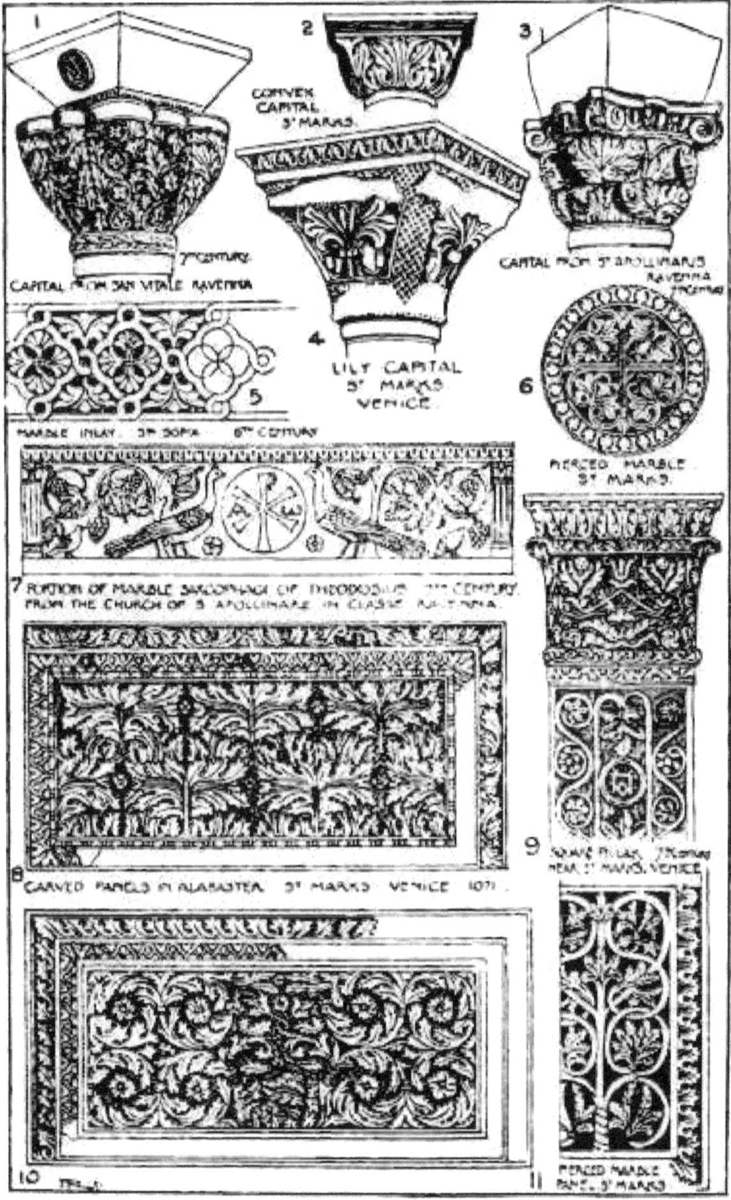

BYZANTIN.

Lorsque l'empereur Constantin transféra le siège du gouvernement de Rome à Byzance, en 330 après JC, il inaugura une nouvelle ère dans l'art, à savoir : l'ère byzantine. Les arts traditionnels grecs et romains étaient désormais assimilés aux arts de Perse et de Syrie, mais façonnés et influencés par la nouvelle religion, donnant la forte vitalité personnelle, la signification profonde et le symbolisme si remarquables tout au long de la période byzantine.

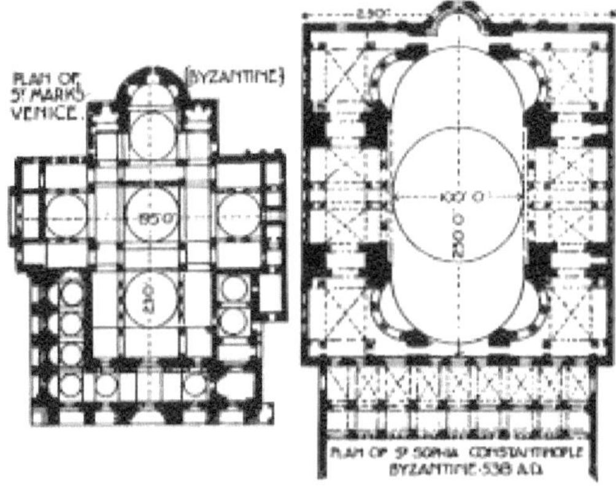

Le changement de style ne s'est pas produit immédiatement, car la plupart des bâtiments érigés par Constantin étaient dans le style romain traditionnel, mais les arts se sont progressivement perfectionnés jusqu'à culminer avec la construction de Sainte-Sophie par Anthemius de Tralles et Isidore de Milet. , sous le règne de Justinien, 538 après JC. Cet édifice est remarquable par son splendide dôme, soutenu par des demi-dômes et des pendentifs sur un plan carré, son embellissement de mosaïques aux couleurs glorieuses , et la grande inventivité et le symbolisme des détails. Le feuillage d'acanthe traditionnel des Grecs était uni aux emblèmes du christianisme tels que le cercle, la croix, la vigne et la colombe ; le paon est également fréquemment vu. La sculpture de personnages était rarement utilisée, mais des groupes de personnages étaient utilisés avec une grande profusion dans les mosaïques à fond d'or qui recouvraient la partie supérieure des murs ainsi que les voûtes et les dômes des magnifiques bâtiments byzantins. Les églises de Ravenne, en Italie, ont des caractéristiques assez similaires ; S. Vitale, les églises basiliques de S. Apollinare Nuovo, 493-525 après J.-C., S. Apollinare in Classe , 538-44 après J.-C., ainsi que les baptistères sont riches en mosaïques et chapiteaux sculptés des VIe et VIIe siècles. Dans les cathédrales de Torcello , en 670 après JC, et de Murano, ainsi que dans la belle basilique Saint-Marc de Venise, les marbres et les mosaïques étaient utilisés à profusion. Les deux plans présentés ici sont typiques de la planification byzantine dans laquelle le symbolisme du cercle et de la croix est utilisé comme élément constructif. Ce symbolisme est une caractéristique marquée de l'ornement byzantin ; des cercles et des croix entrelacés se mêlent à l'acanthe ou à la vigne et sont découpés avec une section particulière en forme de V. La perceuse circulaire est largement utilisée pour l'enfoncement des feuilles, et peu de fond est visible dans l'ornement sculpté de cette période.

ORNEMENT SCANDINAVE. Planche 12.

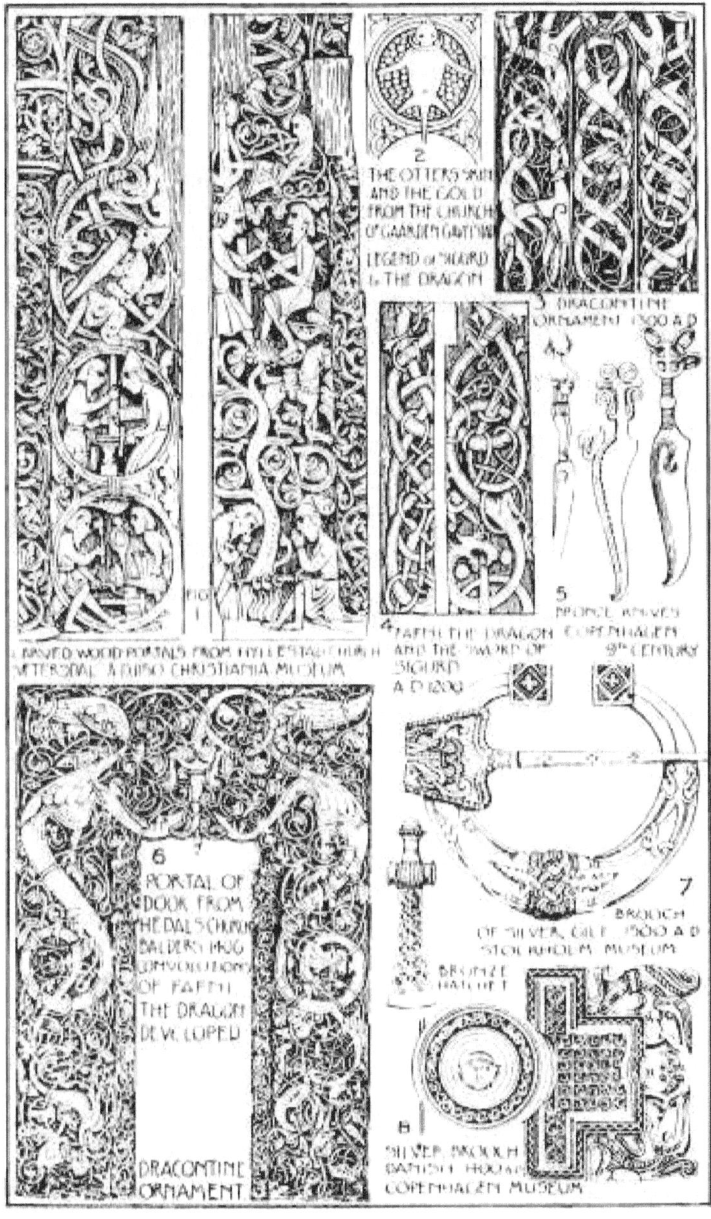

SCANDINAVE

.

Les magnifiques bijoux en bronze et en argent ainsi que les instruments de guerre du début de la période viking, trouvés en Norvège, en Suède et au Danemark, ne présentent aucune trace de formes végétales dans leur ornementation, cette dernière étant entièrement constituée de formes animales entrelacées, principalement le dragon. Le navire viking découvert à Sandifiord en 1880, bien que dépourvu d'ornements, porte des traces de la « proue du dragon de bronze », mentionnée dans les premières sagas scandinaves. Au début du XIIe siècle, les formes végétales se mêlent aux dragons, et la sculpture de figures devint importante dans le traitement des mythes des dieux ; Frey, Woden , Thor et Fyr , de la période païenne, étant influencés par le nouveau culte religieux. Ceci est démontré par le Sigurd Overlap.

Hreiômar a eu trois fils, Otter, Fafni et Regan. La Loutre fut tuée un jour par Loki, l'un des trois dieux scandinaves — Loki, Hœni et Woden —, ceux-ci étant saisis par Hreiômar , qui ne les relâcherait que lorsque la peau de la Loutre serait recouverte d'or. Sur ce, Loki s'empara du nain Andwan , qui fut contraint d'abandonner son trésor d'or et un anneau de propriétés magiques, portant avec lui une malédiction selon laquelle le trésor devait entraîner la mort de ceux qui le détenaient. Loki revint alors et recouvrit la peau de la loutre d'or (fig. 3), après quoi les dieux furent mis en liberté. Puis Hreiômar fut tué par ses fils pour le trésor. Fafni , après s'être emparé de ce dernier, prit la forme d'un dragon et gardait le pillage à Gnita Heath. Regan, son frère, afin d'obtenir le trésor, incita Sigurd, son fils adoptif, à tuer le dragon. Sigurd, en testant son épée, la brisa en deux, sur quoi Regan lui fabriqua une épée magique, avec laquelle il se plaça sur la trace du dragon et la transperça (fig. 1-4). Ensuite, Regan a sorti le cœur du dragon, que Sigurd a coupé en tranches et grillé pendant que Regan dormait. Sigurd, se brûlant les doigts, les place dans sa bouche, et goûte le sang de Fafni , le dragon (fig. 1), et, voilà ! il entendit la voix des oiseaux disant que Regan complotait pour le tuer. Alors Sigurd tua Regan, mangea le cœur de Fafni , plaça le trésor sur le dos du noble cheval Grani et partit, seulement pour être tué pour l'or par Gunnar, qui pour ce crime fut jeté dans la fosse aux serpents (fig. 1). [UN]

Ce mythe explique une grande partie de l'ornement scandinave, car dans les figues. 1 et 2, l'histoire est racontée dans une série d'incidents remarquables par la fécondité de l'invention et de l'ornementation dracontine . Halton Cross, dans le Lancashire, et une dalle à Kirk Andreas, sur l'île de Man, illustrent les mêmes sujets, datant du XIe siècle. Plus tard, le dragon acquiert un caractère plus prononcé, jusqu'à ce qu'au 14ème siècle, il remplisse tout le portail d'un bel ornement d'entrelacs (fig. 6).

ORNEMENT CELTIQUE. Planche 13.

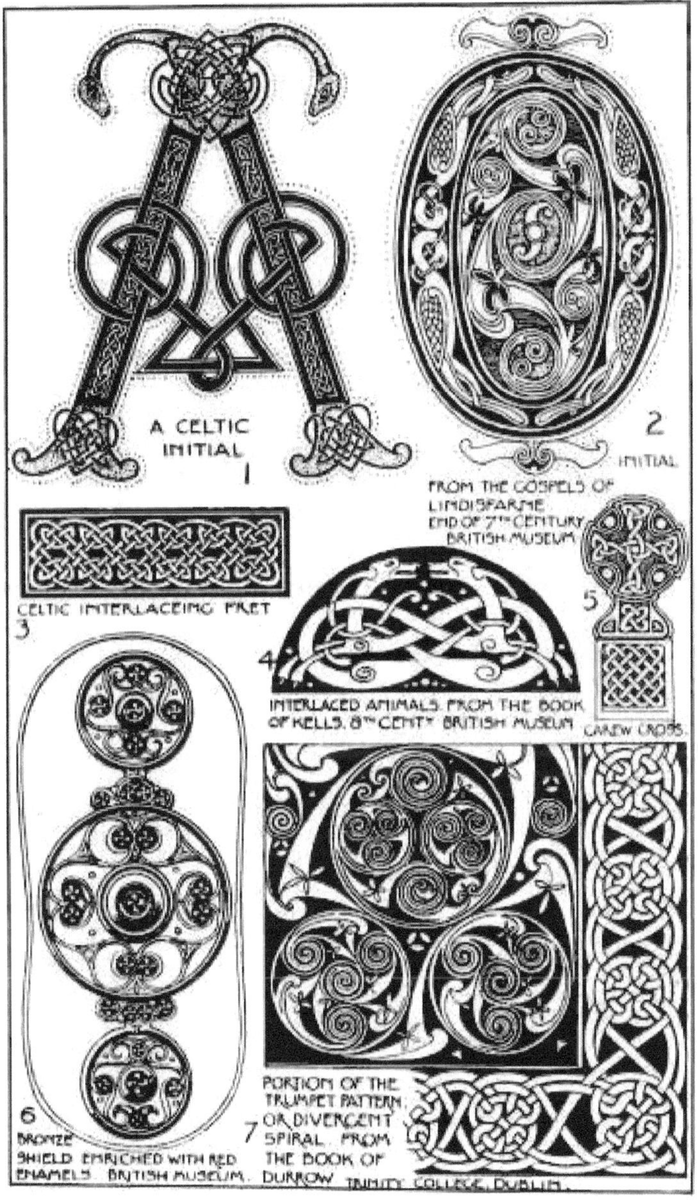

ORNEMENT CELTIQUE .

Aucune période de l'histoire de l'art n'est plus remarquable que celle celtique. L'architecture et les croix en pierre sculptée, les bronzes, les émaux et l'orfèvrerie, les splendides livres et manuscrits enluminés avec chapiteaux et bordures, pleins d'images et de détails complexes, et l'écriture claire et précise du texte, sont autant d'indications de la culture. et l'amour de l'ornement des premiers Irlandais. Les ornements incisés sur les tumulus de pierre des IIIe et IVe siècles avant J.-C. montrent des formes simples telles que des carreaux , des chevrons, des cercles et des spirales qui sont utilisées par presque tous les peuples primitifs. Pourtant, même à ce stade précoce, les Celtes montrent une préférence remarquable pour la spirale. et des formes entrelacées. Le bouclier en bronze (fig. 6), avec ses spirales et bossages d'émail enrichis du « Fylfot » septentrional est un exemple typique du IIe ou IIIe siècle après J.-C. Vient ensuite le motif en trompette ou spirale divergente, qui, vu à ses débuts sur le bouclier en bronze, a atteint un grand degré d'élaboration aux VIIIe et IXe siècles (fig. 2 à 7), étant typique du travail celtique jusqu'au milieu du XIe siècle où toute trace de cette spirale est perdue. Les entrelacs de formes d'oiseaux et d'animaux utilisés du VIIIe au XIVe siècle proviennent sans doute de sources byzantines et lombardes. Le serpent ou dragon, si caractéristique du VIIe au XVe siècle, doit avoir été emprunté au nord, car l'Irlande n'avait pas de tradition de dragons, et c'est vers la Scandinavie, avec sa légende de Fafni , qu'il faut se tourner. pour l'origine du traitement dracontine . C'est ce caractère zormorphique qui distingue le celtique de tous les autres styles d'ornement sauf scandinave.

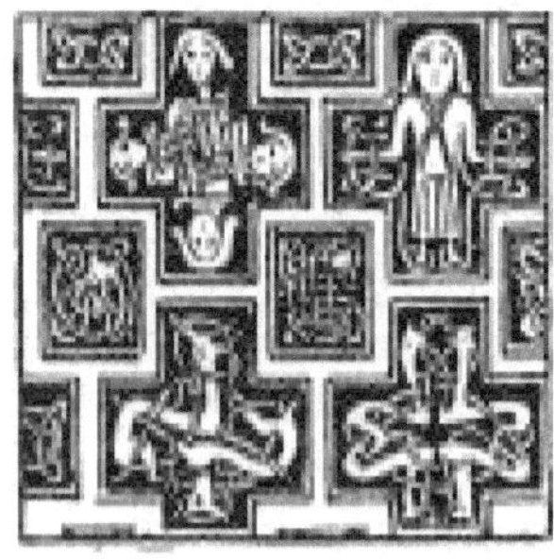 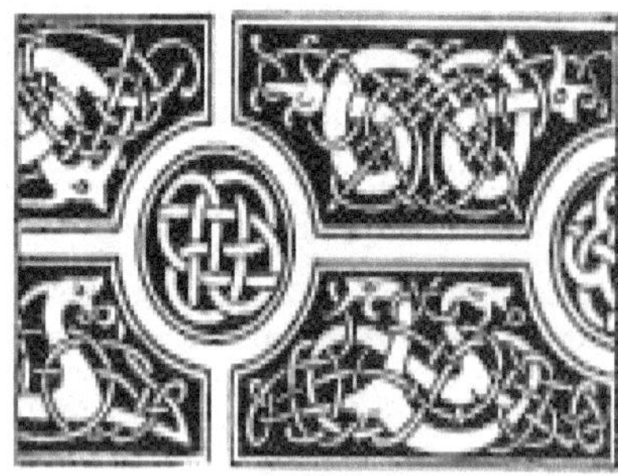

Les illustrations données ici de la crosse de Lismore sont des exemples typiques de ce traitement dracontin celtique . La période ancienne ou païenne est connue pour son travail en bronze, coulé et travaillé, et enrichi d'émaux Champlevé. Le beau calice d'Ardagh (planche 34) et la broche Tara (VIIe siècle) sont de splendides exemples de la période chrétienne datant de Saint-Patrick, 440-460 après JC. Le magnifique Livre de Kells , 650-690 après J.-

C., le Livre d'Armagh, 807 après J.-C., le Livre de Durrow, 750 après J.-C. (Trinity College, Dublin) et le Livre de Durham, 689-721 après J.-C., écrits par Eadfrith et enluminés par Ethelwald , sont un hommage à la vitalité, à l'assimilation des idées, à la culture et au merveilleux savoir-faire des premiers Irlandais.

NORMANDE ET GOTHIQUE.

L'architecture gothique anglaise a été largement divisée en périodes dans le but de classer les styles, les suivantes étant les plus généralement acceptées.

Par Sharpe. [B]

		ANNONCE
Roman-	saxon	1066.
	normand	1066-1145.
Gothique-	De transition	1145-1190.
	Lancette	1190-1245.
	Curviligne	1245-1360.
	Rectiligne	1360-1550.

Par Rickman. [C]

		ANNONCE
Roman-	normand	1066-1189.
	Anglais précoce	1189-1307.
Gothique-	Décoré	1307-1379.
	Perpendiculaire	1379-1483.
	Tudor	1483-1546.

Classement français par De Caumont.

Roman-	Primordial	du 5 au 10 siècle.
	Secondaire	du 10 au 12 »
	Tertiaire	12ème »
Pointu-	Primitif	13ème siècle.
	Secondaire ou Rayonnant	14ème »
	Tertiaire ou Flamboyant	15ème »

La plupart de nos magnifiques cathédrales ont été fondées entre 1066 et 1170 par des évêques normands, certaines sur les anciennes fondations saxonnes, comme Canterbury et York, ou à proximité des bâtiments saxons d'origine comme à Winchester, ou sur de nouveaux sites comme Norwich et Peterborough, et ont été fondées par des évêques normands. sans exception, des constructions plus magnifiques que celles de la période antérieure, des parties du style plus ancien existent encore dans de nombreuses cathédrales, montrant la fusion de l'architecture romaine et byzantine avec l'art plus personnel et plus vigoureux des peuples celtiques, saxons et scandinaves.

Le plan, donné à la page suivante, de la cathédrale de Lincoln ne montre aucune trace de la disposition absidiale si universelle dans les cathédrales normandes et françaises, et est donc considérée comme une cathédrale anglaise typique. Chaque division verticale de la nef, du chœur et du transept est appelée travée. Sur la planche 14 est une illustration de quatre travées typiques des cathédrales anglaises, montrant l'évolution du style du XIIe au XVe siècle. La caractéristique générale de chaque travée est donnée séparément, mais elle ne peut évidemment être qu'approximative, car la construction de chaque cathédrale a été influencée par des considérations locales, chaque période chevauchant nécessairement la précédente, formant ainsi un style de transition. Par exemple, dans le chœur de la cathédrale de Ripon, le bas-côté et la claire-voie ont des fenêtres normandes semi-circulaires et les arcades de la nef ont des arcs en ogive. Dans les arcades du Triforium et du Clerestory, les arcs ronds sont vus côte à côte avec l'arc brisé.

Les PILIERS (parfois appelés colonnes) de ces baies présentent des traits distinctifs caractéristiques de chaque période du développement gothique. Nous présentons ici des croquis montrant les changements intervenus dans la forme de la pile de 1066 à 1500. Les mêmes caractéristiques générales sont observées dans les moulures des arcs et les cordons.

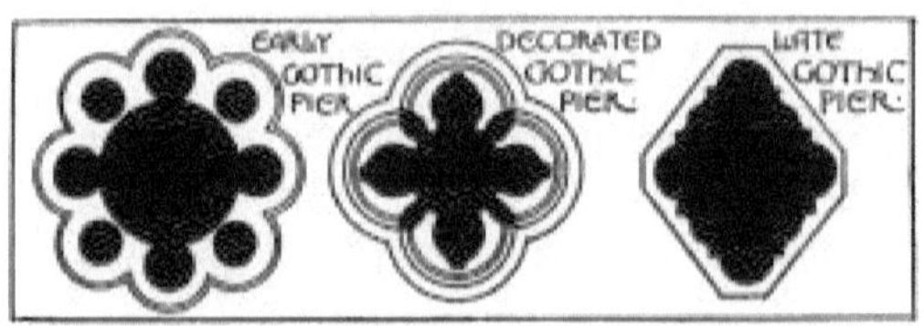

CARACTÉRISTIQUES DE LA PÉRIODE NORMANDE.

NEF ARCADE. L'utilisation universelle des piles en plein cintre, cylindriques ou rectangulaires avec des fûts semi-circulaires fixés sur chaque face. Capitales cubiques et en forme de coussin. Moulures en arc enrichies de rangées concentriques d'ornements Chevron et Billet.

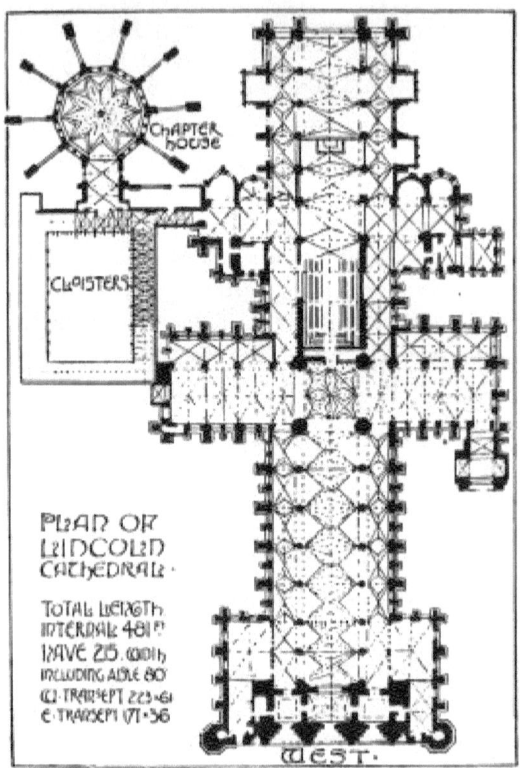

TRIFORIUM. Dans les premiers travaux, d'un seul arc. Dans les travaux ultérieurs, deux ou quatre petits arcs portés sur des fûts simples sous un grand arc semi-circulaire.

HISTOIRE CLAIRE. Une fenêtre avec une arcade ouverte devant, de trois arcs, celui du centre plus grand et souvent sur pilotis. Cette arcade forme une étroite galerie dans l'épaisseur du mur de Clearstory. La toiture de la nef, en bois, plate et lambrissée , la toiture des bas-côtés, voûte en quadra partite semi-circulaire.

Une arcade d'arcs en plein cintre était généralement placée sur le mur, sous les fenêtres des bas-côtés.

Les premières fenêtres sont étroites, affleurantes au mur extérieur et profondément évasées à l'intérieur. Les fenêtres ultérieures sont encastrées à l'extérieur, avec des montants et des chapiteaux soutenant un arc moulé enrichi . Il reste encore quelques rosaces semi-circulaires, dont un bel exemple se trouve dans l'église de Barfrestone , dans le Kent.

DÉBUT ANGLAIS OU PÉRIODE LANCET.

Le Lancet ou arc pointu universel.

CHAPITEAUX , à feuillage trilobé et boulier circulaire. Les moulures de l'arc du pilier alternent des ronds et des creux profondément découpés et enrichis de l'ornement caractéristique en forme de dent de chien. Une moulure de capot qui se termine par des bossages de feuillages ou des têtes sculptées entoure invariablement les moulures de l'arceau . Ce capot moulé , lorsqu'il est utilisé à l'extérieur, est appelé « Dripstone » et lorsqu'il est utilisé horizontalement au-dessus d'une fenêtre à tête carrée, une « Étiquette ».

Le TRIFORIUM a un arc simple ou double, qui recouvre les arcs plus petits ou subordonnés, les écoinçons étant enrichis d'un trèfle ou d'un quadrilobe enfoncé ou percé. Les piliers du Triforium sont solides, auxquels sont attachés des fûts délicats, portant des moulures d'arc de trois ordres et enrichis d' ornements en *dents de chien* ou de feuillages de trèfles.

Les fenêtres à lancettes CLEARSTORY sont en triplet, avec une arcade sur la face intérieure du mur. Le puits de voûte jaillit parfois du sol, mais plus généralement d'un encorbellement au-dessus des chapiteaux de la nef, et se termine sous la corde de l'étage clair avec un chapiteau enrichi, d'où jaillit la voûte simple, généralement de forme quadrapartite ou hexapartite . Les premières fenêtres des petites églises étaient disposées en distiques et à l'extrémité est, généralement en triplets, avec des vitraux en grisaille semblables à l'exemple donné sur la page suivante de la cathédrale de Salisbury. L'exemple annexé de l'extrémité est de l'abbaye de Rievaulx montre une fenêtre finement proportionnée et sa disposition.

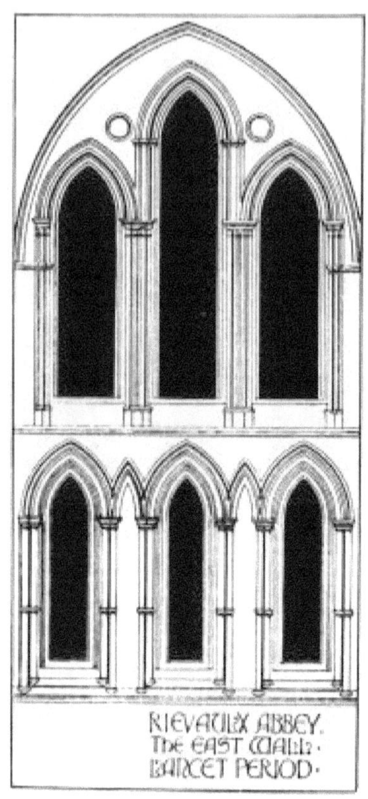

La sculpture de figures, belle et raffinée dans son traitement, était fréquemment utilisée sur les murs extérieurs. Les figures des saints et des évêques étaient placées individuellement sous des frontons triangulaires et des arcs cuspidés, dont il existe de beaux exemples à Wells, Lichfield, Exeter et Salisbury (fig. 5, planche 14). De splendides exemples de rosaces circulaires peuvent être vus dans les transepts nord et sud de la cathédrale de Lincoln, également à York, mais ils sont relativement rares en Angleterre, tandis que la France possède plus de 100 des plus beaux et des plus importants exemples de ce type d'ornement ecclésiastique. . On les voit dans les cathédrales de Notre-Dame, de Rouen, de Chartres et de Reims.

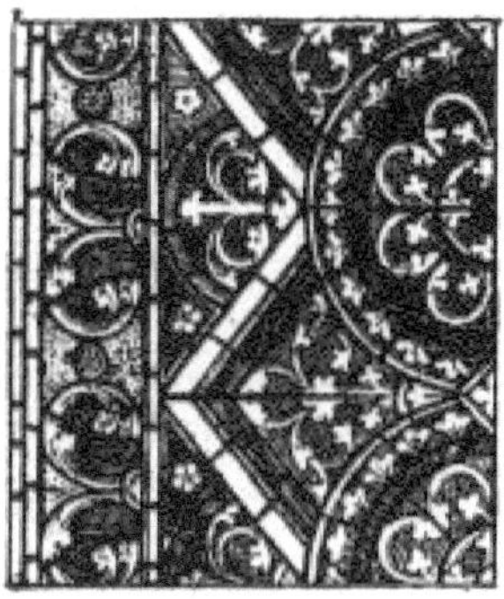

PÉRIODE DÉCORÉE OU GÉOMÉTRIQUE.

En cela, les piles ont engagé des fûts à chapiteaux à moulures sobres ou enrichis de feuillages finement sculptés de chêne, d'érable ou de mauve. Les arcs des piliers ont des moulures de trois ordres, également enrichies, généralement de la fleur en boule caractéristique ou d'un feuillage semblable à celui des chapiteaux.

Le TRIFORIUM se compose d'arcs doubles, avec des arcs cuspides subordonnés, ornés d'entrelacs géométriques.

L'arcade intérieure du Clearstory est absente, l'unique grande fenêtre étant divisée par des meneaux et des entrelacs géométriques, ou par des triangles équilatéraux enrichis d'entrelacs circulaires et de barres (fig. 3, planche 14). Au-dessus des chapiteaux des piliers, un corbeau enrichi est généralement placé d'où jaillissent les fûts de voûte, se terminant par un chapiteau richement sculpté sous la corde Clearstory.

Les arcades des bas-côtés, en règle générale, sont très belles, avec des entrelacs géométriques et des moulures finement proportionnées , les fenêtres des bas-côtés avec des meneaux et des entrelacs géométriques audacieux. Les rosaces circulaires des transepts sont typiques de cette époque.

PERPENDICULAIRE ET TUDOR.

Les PILIERS de ce style sont élevés et enrichis de moulures peu profondes portées autour de l'arc du pilier, où les chapiteaux sont introduits. Ils ressemblent souvent à une bande autour du pilier au niveau de la naissance de l'arc, ou parfois ils sont de forme octogonale et décorés d'un traitement angulaire de la vigne. Dans certains cas, la partie supérieure du chapiteau octogonal simple est relevée d'un créneaux. Ce dernier est également fréquemment utilisé comme crête pour les écrans perpendiculaires élaborés, ou pour soulager les cordes de l'histoire claire.

Le TRIFORIUM est absent à cette époque, la baie étant constituée de deux divisions horizontales seulement. L' HISTOIRE CLAIRE , en raison de la suppression du Triforium, prend plus d'importance. Les fenêtres sont grandes et souvent par paires, avec des meneaux verticaux s'étendant jusqu'aux moulures en arc du linteau de la fenêtre. Les fenêtres des bas-côtés sont similaires et, lorsqu'elles sont hautes, ont des impostes horizontales sur lesquelles l' ornement du créneau est affiché. Les arcades des allées étant également supprimées, tout l'espace mural simple a été recouvert d'entrelacs de surface perpendiculaires. L'enrichissement de ce type était utilisé avec la plus grande profusion sur les murs, les parapets, les contreforts et les arcs, ainsi que sur les montants et les soffites des portes. Ceci, associé à l'utilisation de l'arc à quatre centres , constitue les traits caractéristiques de la période perpendiculaire ou Tudor. Les cathédrales anglaises présentent un contraste marqué en termes d'échelle avec les bâtiments français contemporains. La nef et le chœur anglais sont moins hauts et moins larges mais plus longs que les cathédrales françaises. Par exemple, Westminster est la plus haute de nos cathédrales anglaises, avec sa nef et son chœur mesurant 103 pieds du sol au toit, 30 pieds de large et 505 pieds de long. York vient ensuite avec 101 pieds du sol au toit, 45 pieds de largeur et 486 pieds de longueur. Salisbury mesure 84 pieds du sol au toit, 32 pieds de large et 450 pieds de longueur, et Canterbury 80 pieds du sol au toit, 39 pieds de large et 514 pieds de longueur. Lincoln avec 82 pieds et Peterborough avec 81 pieds sont les seuls autres exemples atteignant 80 pieds de hauteur ; York avec 45 pieds étant le seul à atteindre plus de 40 pieds de largeur de nef.

Les mesures des cathédrales françaises contemporaines, en revanche, sont les suivantes : — Chartres, 106 pieds du sol au toit, 46 pieds de largeur et 415 pieds de longueur ; Notre-Dame, 112 pieds du sol au toit, 46 pieds de largeur et 410 pieds de longueur ; Reims, 123 pieds du sol au toit, 41 pieds de largeur et 485 pieds de longueur, tandis que celle de Beauvais atteint la grande hauteur de 153 pieds dans la nef, 45 pieds de largeur et seulement 263 pieds de profondeur. longueur.

La croissance remarquable du style gothique aux XIIIe et XIVe siècles était contemporaine en Angleterre, en France, en Flandre, en Allemagne et, dans une moindre mesure, en Italie. L'une des plus belles églises d'Italie est celle de S. Maria della Spina, à Pise, avec ses riches flèches et ses dais à crochets, caractéristiques qui furent répétées un peu plus tard au tombeau des célèbres *Scaligers* à Vérone. A Venise, le gothique se différencie par l'utilisation de l'arc en doucine à cuspides et quadrilobes percés. C'est en France et en Angleterre que l'architecture gothique atteint son apogée ; les abbayes et les cathédrales, avec leurs pinacles, leurs flèches et leurs tours, enrichies des sculptures les plus vigoureuses et les plus belles ; les arcades et les auvents avec crochets, fleurons et cuspides, vibrant d'intérêt et de détails, et les splendides fenêtres remplies de glorieux verres colorés , sont tous des hommages au zèle religieux et au splendide savoir-faire du Moyen Âge .

Sur la page ci-contre, des illustrations montrent les modifications intervenues dans l'évolution de l'architecture des églises du XIIe au XVe siècle. Le triforium à l'époque normande était fondamental, mais à l'époque perpendiculaire, cette caractéristique était absente. Le changement de style s'observe également dans les fenêtres de chaque travée, de la simple fenêtre normande (fig. 1) à la fenêtre à meneaux verticaux du XVe siècle, fig. 4 et 8.

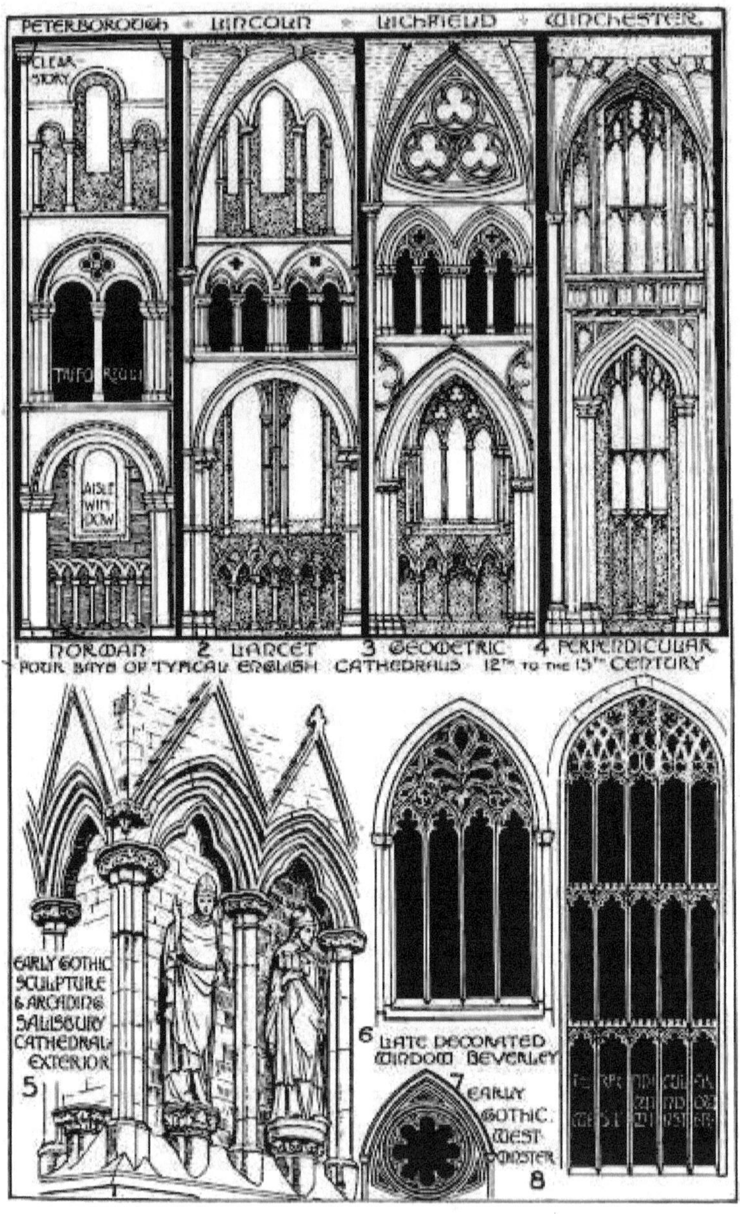

PETERBOROUGH * LINCOLN * LICHFIELD * WINCHESTER.
CLEAR STORY
TRIFORIUM
AISLE WINDOW
1 NORMAN 2 LANCET 3 GEOMETRIC 4 PERPENDICULAR
FOUR BAYS OF TYPICAL ENGLISH CATHEDRALS 12TH TO THE 15TH CENTURY
EARLY GOTHIC SCULPTURE & ARCADING SALISBURY CATHEDRAL EXTERIOR
5
6 LATE DECORATED WINDOW BEVERLEY
7 EARLY GOTHIC. WESTMINSTER
PERPENDICULAR WINDOW WESTMINSTER
8

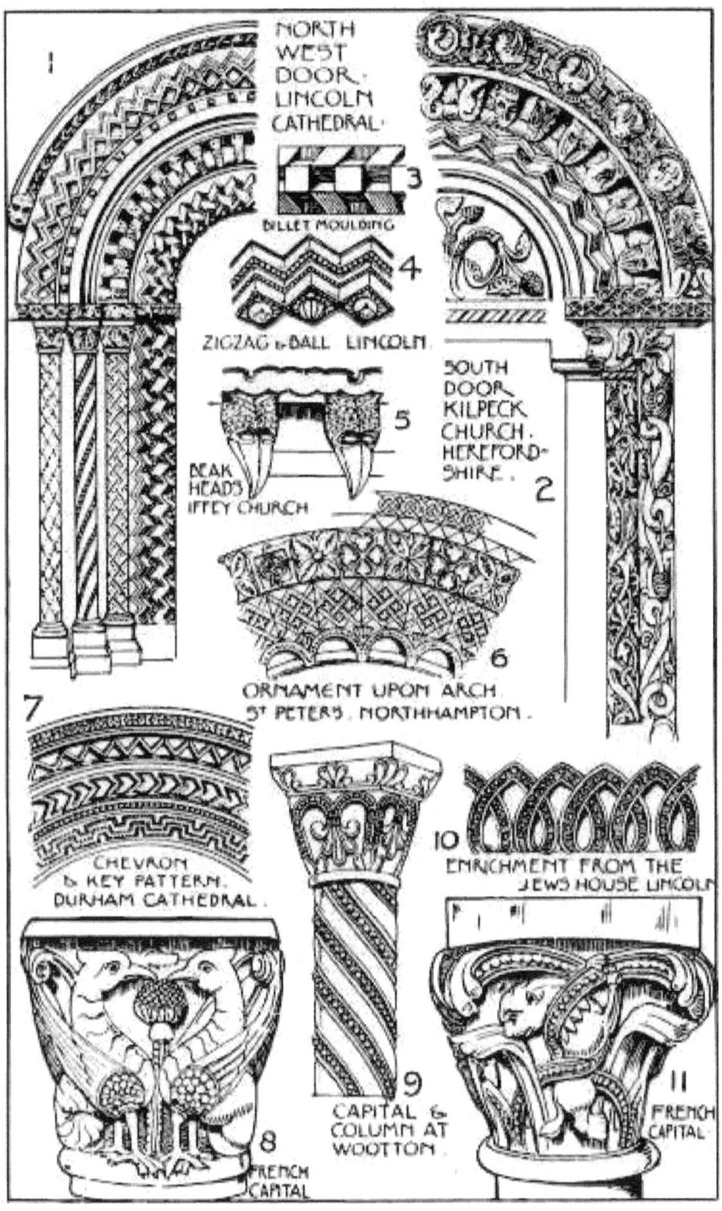
1
NORTH
WEST
DOOR.
LINCOLN
CATHEDRAL.
3
BILLET MOULDING
4
ZIGZAG & BALL LINCOLN.
5
BEAK
HEADS
IFFEY CHURCH
SOUTH
DOOR.
KILPECK
CHURCH.
HEREFORD-
SHIRE.
2
6
ORNAMENT UPON ARCH
ST PETERS. NORTHHAMPTON.
7
CHEVRON
& KEY PATTERN.
DURHAM CATHEDRAL.
10
ENRICHMENT FROM THE
JEWS HOUSE LINCOLN
9
CAPITAL &
COLUMN AT
WOOTTON.
8
FRENCH
CAPITAL
11
FRENCH
CAPITAL

NORMANDS

.

L'architecture normande se distinguait par l'utilisation de l'arc en plein cintre traditionnel, remplacé par l'arc en ogive du début de la période gothique. Ces arcs en plein cintre étaient autrefois décorés de sculptures grossièrement exécutées, taillées ou travaillées à la hache. Le travail normand ultérieur est très riche, les moulures étant bien sculptées avec des enrichissements de motifs en chevron, en palette de câble, en étoile, en frette ou en clé ; le losange et le perlage ou le perlage. Les traits caractéristiques de cette époque sont également la tête en bec (fig. 5) et la table en encorbellement, qui était une série de têtes d'hommes ou d'animaux, d'où jaillissent de petits arcs soutenant le parapet. De nombreux exemples riches d'ornements de surface normands existent encore ; à Christchurch, Hants, on trouve une belle arcade entrecroisée d'arcs en plein cintre, l'enrichissement au-dessus étant une échelle ou un motif imbriqué ; à St. Peter's, Northampton, on peut voir un très riche exemple d'ornementation de surface (fig 6).

Les formes florales sont rarement utilisées dans l'ornement normand ; On connaît des exemples d'usage de la rose et du sapin, mais ils constituent l'exception et non la règle.

des moulures en arc semi-circulaire , décorée du chevron, de la clé ou de la tête de bec. Le tympan semi-circulaire au-dessus de la porte était simple ou enrichi de sculptures grossières en bas-relief. Les portes ultérieures présentent une grande profusion d'ornements dans les moulures de l'archivolte et de l'arc , qui sont souvent reportées sur les moulures des montants . Les colonnes en retrait sont également enrichies de chevrons, ou lignes diagonales de perles (fig. 1), et possèdent des chapiteaux sculptés montrant une tendance classique dans la disposition des feuillages d'acanthe et de la volute. De beaux exemples de cette période peuvent être vus dans la façade ouest de la cathédrale de Lincoln (fig. 1), le porche de Galilée à Durham et la porte ouest de l'église d'Iffley, dans l'Oxfordshire .

Les chapiteaux normands sont généralement en forme de coussin, avec un boulier carré, enrichi du chevron, de l'étoile ou de l'anthemion (fig. 9). Le chapiteau lui-même était décoré de l'anthémion, ou de volutes grossières ou de segments de cercles.

L'architecture de cette période en France, différente de l'œuvre contemporaine en Angleterre, montre une forte influence romaine, d'où son nom de roman. Saint- Trophine à Arles est un bel exemple de ce style, beau dans ses proportions et vigoureux dans les détails. La façade ouest de la cathédrale d'Angoulême, avec sa profusion d'arcades semi-circulaires, présente davantage d'affinités avec l'œuvre contemporaine en Angleterre. Dans les deux chapiteaux français (fig. 9 et 10) on peut observer un traitement caractéristique des animaux et des oiseaux, témoignant d'une forte vitalité dans l'art ornemental de cette période.

DÉTAILS DU DÉBUT GOTHIQUE. Planche 16.

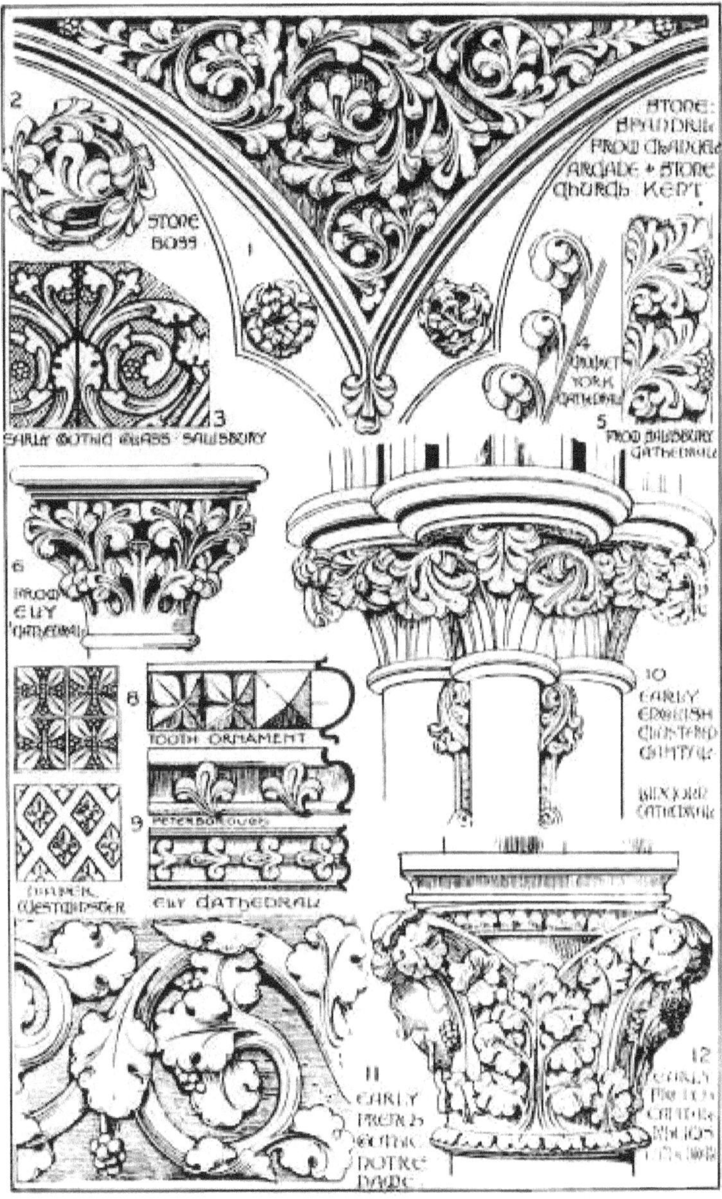

DU DÉBUT GOTHIQUE

Au style NORMAND succéda le style pointu ou GOTHIQUE , remarquable par sa variété, la beauté de ses proportions, la grâce et la vigueur singulières de son ornement. Ne montrant aucune tradition autre que l'influence sicilienne et arabe, elle se développa rapidement et atteignit un haut degré de perfection en France et en Angleterre. Le caractère massif et barbare du style normand a cédé la place aux fûts légers groupés et aux moulures bien proportionnées du premier gothique anglais, avec ses chapiteaux caractérisés par un boulier circulaire et le feuillage trilobé typique poussant vers le haut depuis le collet du style normand. tiges, s'étalant de là en belles courbes et spirales sous le boulier. Cette tendance à la ligne spirale est particulière au gothique primitif et le différencie de la période décorée et perpendiculaire. Les diagrammes des trois crochets donnés ici montrent le caractère distinctif de l'ornement gothique anglais.

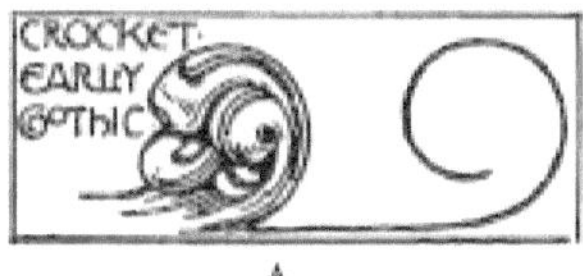

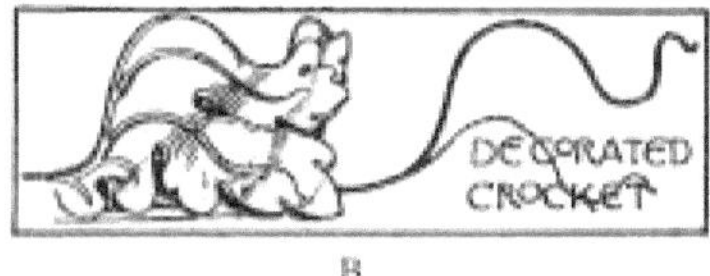

A. Gothique primitif, à trois feuilles lobées disposées en lignes spirales. B. Gothique décoré, avec des feuillages naturels, comme le chêne et l'érable, avec une ligne ondulée fluide . C. Gothique perpendiculaire, montrant la vigne et les feuilles comme éléments, et disposés de manière carrée et angulaire. Les mêmes caractéristiques et caractéristiques sont observées dans les frontières données ici.

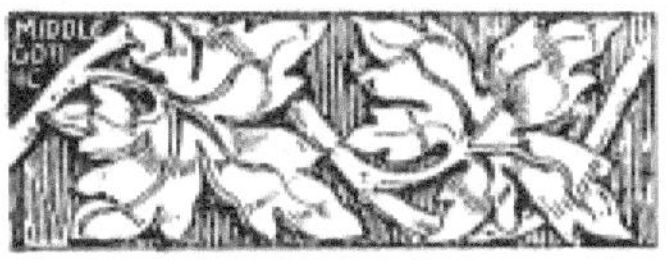

Le magnifique écoinçon sculpté de l'église en pierre de Kent (fig. 1) est remarquable par la vigueur et la flexibilité de sa courbe, ses formes récurrentes d'ornementation et son espacement admirable, typique d'une grande partie de nos premiers feuillages anglais.

Le type de feuillage des premiers vitraux anglais est quelque peu similaire à celui des œuvres sculptées contemporaines, mais montre davantage le

DÉTAILS GOTHIQUES DÉCORÉS ET PERPENDICULAIRES .
Planche 17.

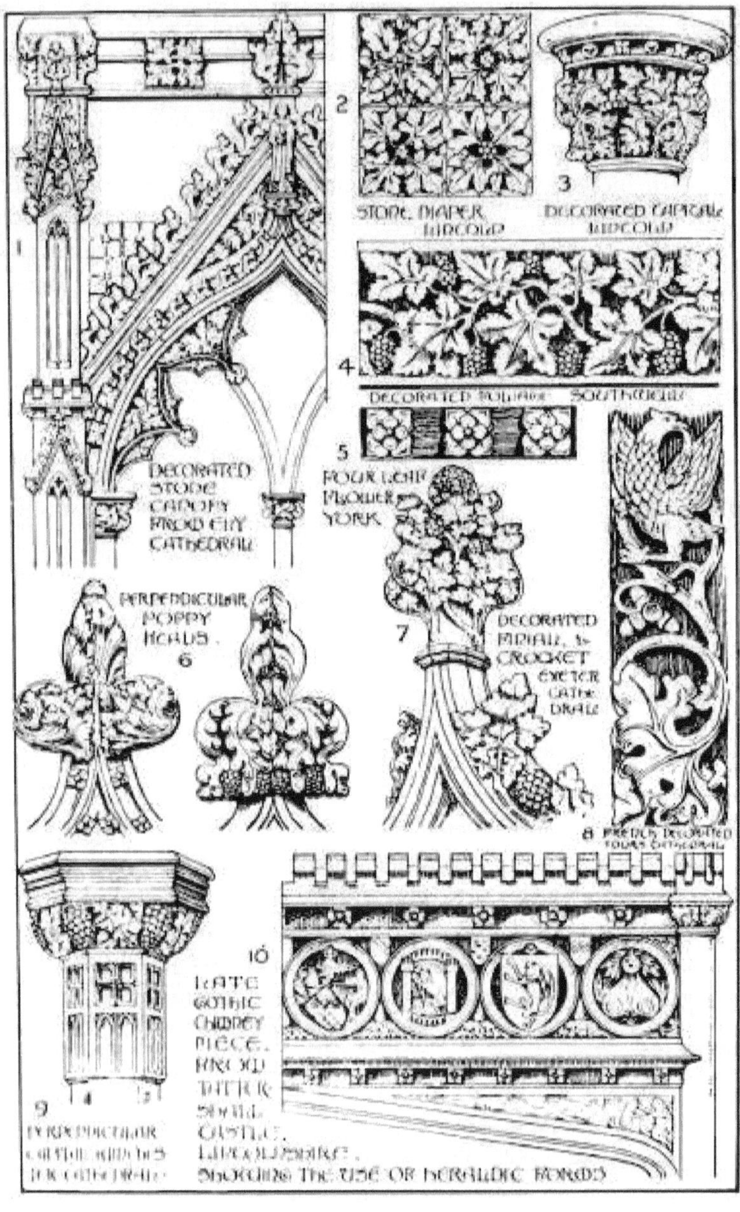

profil de la feuille, et il présente une disposition géométrique ou rayonnante en plus des formes en spirale du feuillage.

Les premiers travaux français (fig. 7 et 8), avec leur boulier carré, diffèrent des premiers travaux anglais par le fait qu'ils présentent moins d'arrangement en spirale et un type de feuille plus rond, ainsi que l'absence de la nervure médiane, si caractéristique. du gothique anglais contemporain. Les chapiteaux moulurés si répandus dans ce pays se trouvent rarement en France.

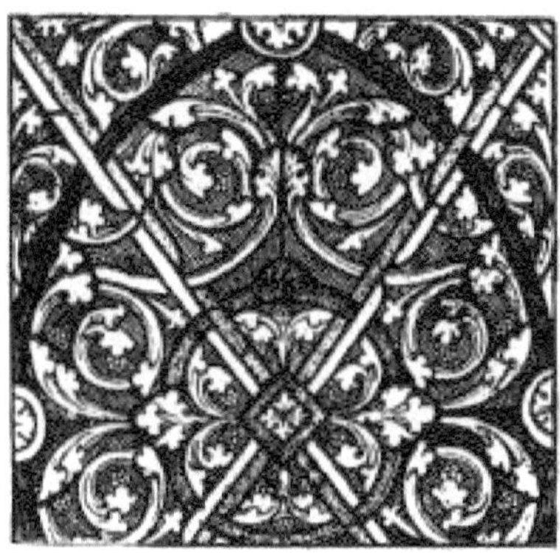

DÉTAILS GOTHIQUES DÉCORÉS ET PERPENDICULAIRES.

Le gothique décoré est remarquable par ses entrelacs géométriques, ses types naturels de feuillage et le caractère ondulant des lignes et des formes de ses détails ornementaux. Les feuillages du chêne, de la vigne, de l'érable, de la rose et du lierre furent introduits avec beaucoup de luxuriance et de profusion, sculptés avec beaucoup de délicatesse et de précision. Manquant de la dignité et des qualités architectoniques du feuillage gothique primitif, il le surpassait en termes d'éclat et d'inventivité des détails. Les chapiteaux, enrichis d'adaptations de la nature, sculptés avec une précision admirable, étaient simplement attachés autour de la cloche, donnant de la variété et du charme au modelé, mais manquant de cette unité architectonique si caractéristique des premiers travaux.

Le travail des couches, des crochets et des embouts, introduits au début de l'Angleterre, était maintenant traité avec une richesse excessive et utilisé avec une grande profusion. La fleur en boule si caractéristique de la période Décorée a remplacé l'enrichissement dentaire tout aussi caractéristique du style précédent .

L'œuvre contemporaine française présente des caractéristiques similaires, mais affiche plus de réserve et d'affinité pour les formes architecturales.

Cette brillante période décorée a atteint son point culminant en un demi-siècle, puis a rapidement cédé la place au style perpendiculaire, avec ses entrelacs de barres verticales distinctives de fenêtres et de panneaux de surface , et l' utilisation répandue des quatre arcs centrés - de chapiteaux octogonaux enrichis de l'ornementation. traitement angulaire de la vigne, des boucliers et des armes héraldiques et de la fleur à quatre feuilles ; tous typiques de l'époque.

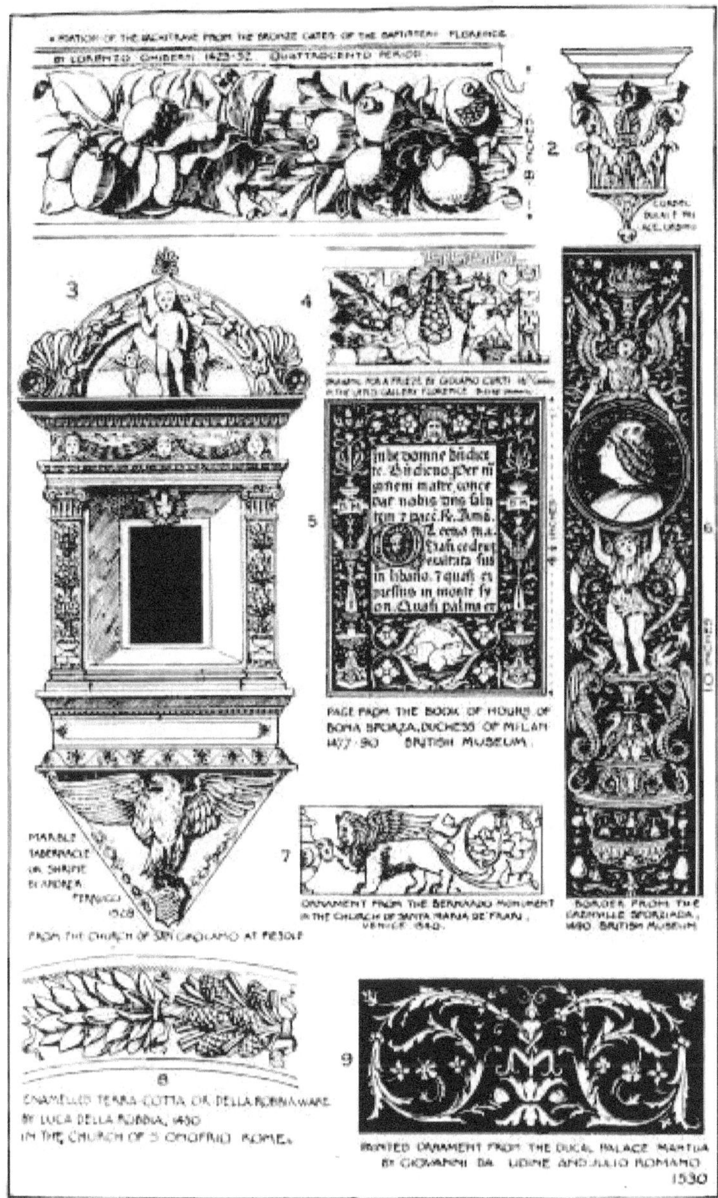

DE LA RENASCENCE

.

Les arts de Rome et de Byzance persistèrent en Italie jusqu'au XIIe siècle, perdant leur vitalité et leur vigueur , sauf à Venise, où le style byzantin atteignit son point culminant dans les glorieux édifices de Murano et de Saint-Marc.

La Lombardie, au nord, avait été témoin d'un singulier mélange de l'ancien art classique avec les vigoureuses traditions et mythes des Lombards et les symbolismes de l'ancien byzantin, produisant ainsi l'architecture dite lombarde, avec sa multiplicité de petites colonnes et d'arcs, des images pittoresques de la sculpture et l'utilisation fréquente d'un lion ou d'un dragon comme support pour les colonnes. Ce sont des traits de l'art primitif de Lucques, de Bergame, de Padoue, de Vérone et d'autres villes de Lombardie ; une belle illustration de Lucques est donnée dans l'appendice des « *Pierres de Venise* » de Ruskin , Vol. 1. Contemporaine de cette période est venue l'influence gothique avec ses colonnes groupées, ses arcs brisés, ses cuspides et crochets, et sa forte vitalité, impressionnant les arts et l'architecture avec cette personnalité gothique ; ainsi, au cours des XIIe et XIIIe siècles en Italie, ce mélange de styles, de traditions, de croyances religieuses et de mythes, a produit un art de caractère barbare et vigoureux, l'imagerie pleine de suggestivité et les détails riches et variés dans la conception. Il n'est pourtant que l'annonciateur d'un style qui culmine à l'époque glorieuse de la Renaissance, un style où la symétrie va jouer un rôle important, comme dans l'art classique, où se retrouvent le raffinement des lignes et des détails, de la culture et de l'artisanat ; et qui, bien que belles en proportions, unité de pièces et adaptabilité parfaite, manquait pourtant de ce symbolisme, de ce côté suggestif, de cette inventivité et de cette personnalité robuste des premiers styles byzantin, lombard et gothique.

ITALIENNE est globalement divisée en trois périodes. Tre-cento, 1300 à 1400 après JC ; Quattro-cento, 1400 à 1500 après JC ; et Cinque-cento, 1500 à 1600 après JC. Dans le style Tre-cento, ce mélange de détails classiques avec les constructions lombardes et gothiques a produit des bâtiments aussi remarquables que S. Maria della Spina et le Campo Santo à Pise, par Giovanni Pisano 1240. -1320 ; le Palazzo Vecchio, l'église de Santa Croce et la cathédrale de Florence, d' Arnolfo di Cambio (1232-1310), avec ses assises alternées de marbre noir et blanc, ses arcs et ses entrelacs gothiques ; le beau Campanile de Giotto (1276-1336) est un noble accessoire de la cathédrale d'Arnolfo . Une charmante illustration de cette période du Tre-cento, tirée du Campanile de Giotto, est le frontispice des « *Sept lampes d'architecture* » de Ruskin .

La sculpture et les arts décoratifs de cette période sont marqués par la dignité de conception et un mélange de traditions gothiques et classiques. Les premiers exemples connus sont peut-être la chaire hexagonale du baptistère de Pise, une chaire similaire dans la cathédrale de Sienne et la fontaine de Pérouse, toutes de Nicolo Pisano (1206-1276). Il fut aidé dans une grande partie de son travail par son fils Giovanni, qui exécuta également la chaire de la cathédrale de Pise. Andrea Pisano (1273-1344), élève de Giovanni, a exécuté une belle porte en bronze, coulée en 1332, pour le baptistère de Florence.

Une belle œuvre monumentale de cette période est le tombeau de saint Pierre le martyr, dans l'église de Saint- Eustorgio à Milan, par Balducco di Pisa, 1308-47.

La période DU QUATTRO-CENTO , dont Lorenzo Ghiberti (1381-1465) fut le grand maître, est remarquable par sa vitalité et son naturalisme. Les principales œuvres de Ghiberti sont les deux portes en bronze du baptistère florentin ; la première porte est datée de 1403-24 et la seconde de 1425-50. Les deux comportent des panneaux modelés en bas-relief, le premier avec des incidents du Nouveau et le second de l'Ancien Testament. Le cadre de ces portes présente une série de figures uniques dans des niches, avec des médaillons circulaires entre elles. L'architrave en bronze autour de chacune des portes Ghiberti, en plus de celle qu'il a placée autour de la porte précédente, par Andrea Pisano, sont de riches exemples de conception du Quattro-cento. Les détails sont des fruits, des fleurs et des feuillages naturels, réunis avec des rubans, avec introduction d'oiseaux, d'écureuils, etc. La portion d'aubergine et de grenade (fig. 1) en est un exemple familier.

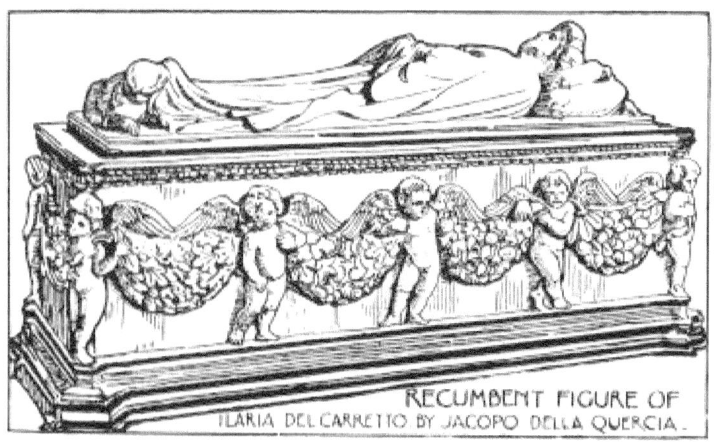

D'autres maîtres de cette période étaient Jacopo della Quercia (1371-1438) qui exécuta le magnifique monument représenté ici, à Ilaria di Carretto , dans la cathédrale de Lucques. Le gisant d'Ilaria est sculpté en marbre blanc avec une simplicité et une beauté parfaites ; une autre œuvre célèbre de Jacopo était la fontaine de Sienne.

Luca della Robbia (1400-1482) exécuta pour la cathédrale de Florence une belle tribune d'orgue en marbre, avec d'admirables figures chantantes et dansantes en relief. Mais aussi belle que soit cette œuvre, la réputation de Luca repose sur sa terre cuite émaillée , qu'il a perfectionnée à un degré remarquable. Modelé d'abord en argile et recouvert d'émail à l'étain (voir Maiolica), il réalisa une merveilleuse série de ces reliefs, qui étaient invariablement entourés de la bordure typique du quattro-cento de fruits et de fleurs modelés, émaillés de couleurs vives . Son neveu, Andrea della Robbia (1445-1525) perpétua les traditions, les méthodes et le savoir-faire, avec un succès marqué ; et aussi le fils d'Andrea, Giovanni (1524), qui exécuta une belle frise sur la façade de l'hôpital de Pistoja . Les autres fils d'Andrea, Girolamo et Luca, introduisirent cet art en France sous François Ier (1531). Donatello (1386-1466) était remarquable par la grâce singulière et la sincérité de ses portraits, notamment d'enfants ; les figures dansantes en relief sur les panneaux de la galerie de chant de la cathédrale de Florence sont de parfaits exemples de son art. Donatello a également porté à la plus grande perfection l'art du bas-relief plat appelé « *Stiacciato* ». Une illustration de l'œuvre de Donatello, provenant du maître-autel de Saint-Antoine à Padoue, est donnée ici.

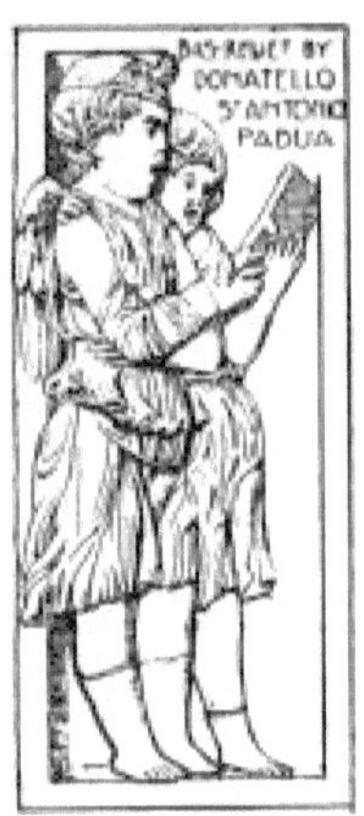

L'art du médaillé , en déclin depuis l'époque romaine, prend désormais place parmi les arts du quattro-cento, sous Vittore Pisano, dit Pisanello (1380-1451). La vigueur de son modelé et l'individualité de ses médailles des princes contemporains d'Italie sont extrêmement belles. Parmi d'autres médaillés remarquables figurent Sperandio de Vérone (1423-90) ; Caradosso , de Milan (1480-1545) ; Vincentin , de Vicence (1468-1546) ; Benvenuto Cellini, de Florence (1500-71) ; Lione Léoni (1498-1560) ; Pompéoni Léoni (1530-1610) ; et Pastorino, de Sienne (1510-91). Le grand dôme de la cathédrale d'Arnolfo à Florence a été conçu par Brunelleschi (1377-1446), qui était un concurrent de Ghiberti pour les portes en bronze du baptistère de Florence. D'autres noms de cette période étaient Desiderio da Settignano (1428-64)

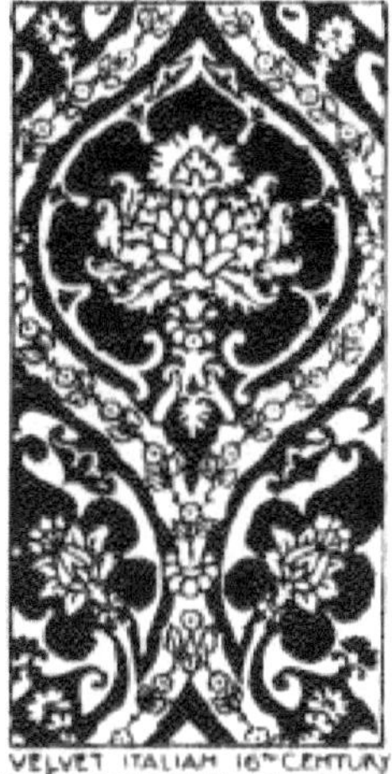

son chef-d'œuvre étant le tombeau de Carlo Marzuppini , dans l'église de Santa Croce, à Florence ; Mino de Fiesole (1430-84) ; Andrea Verrocchio (1435-88) ; l'auteur de la belle statue équestre de Bartolommeo Colleone à Venise (voir Bronzes) ; Matteo Civitali (1435-1501) ; et les Rossellini, une remarquable famille de cinq frères, dont le plus célèbre fut Antonio Rossellini (1427-79), qui exécuta un charmant tombeau du cardinal Jacopo di Portogallo dans l'église de la Nunziata de Florence.

La période CINQUE CENTO fut le point culminant de la Renaissance, lorsque l'architecture, la sculpture, la peinture et les arts décoratifs étaient sous

le magnifique patronage des papes et des princes d'Italie. Les palais, les églises et les édifices publics furent achevés et embellis de belles sculptures et décorations ; tendu des tissus les plus somptueux des métiers à tisser vénitiens, florentins et génois ; décoré de peintures d'autel et de décorations murales, réalisées par les peintres les plus renommés ; et enrichi des magnifiques productions de l'art de l'orfèvrerie et des plus belles boiseries intarsia ou marquetées.

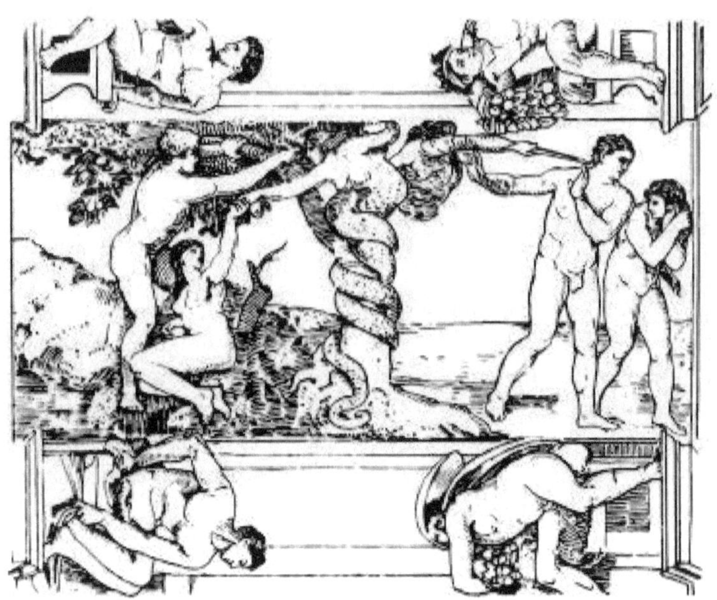

Michel Angelo Buonarroti (1474-1653), par sa grande intelligence et sa puissance, se démarque de ses nombreux contemporains. La figure colossale de *David* et la *Vierge* à *l'Enfant* à Bruges sont des exemples familiers de l'œuvre de ce grand artiste. Les magnifiques tombeaux de Laurent et Giuliano de Médicis à Florence montrent sa noble puissance et ses conceptions de l'art. Le splendide travail décoratif du plafond de la chapelle Sixtine au Vatican est un autre exemple où l'unité de conception et la merveilleuse exécution sont montrées à un degré remarquable. Deux illustrations de ce plafond sont données : l'une des panneaux, avec l'expulsion d'Eden, et l'une des Sibylles ou Prophètes, toutes deux montrant une belle harmonie d'incident et de composition.

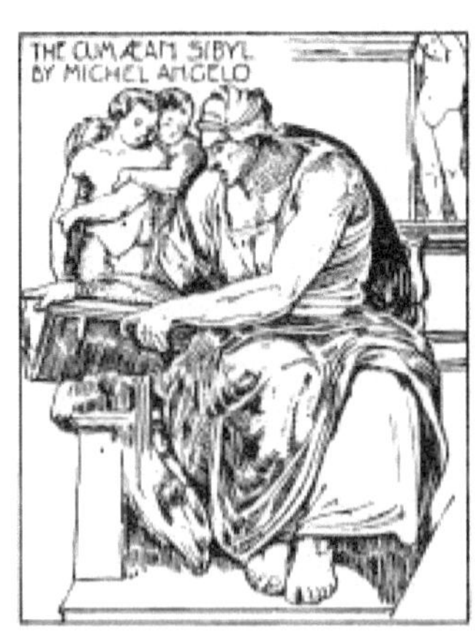

Raphaël (1483-1520), contemporain de Michel-Ange, fit preuve de la plus grande capacité de grâce et de raffinement en peinture. Ses principales peintures murales se trouvent dans la stase du Vatican, où quatre salles sont peintes à fresque, presque entièrement par Raphaël. La Loggia du Vatican, œuvre de Bramante, fut également décorée par Raphaël et ses élèves. Les découvertes alors récentes des Thermes de Titus et de la Maison de Livie, avec leurs peintures murales romaines, ont influencé de manière remarquable la peinture décorative de la période Cinque-Cento. Ces arabesques (ou, comme on les appelait, Grotteschi , trouvées dans les prétendues grottes ou grottes des jardins romains), furent utilisées par Raphaël dans la décoration des pilastres, des piliers et des murs de cette Loggia. Les dessins étaient peints avec une belle gamme de couleurs sur fond blanc et entourés de bordures d'ornements en stuc modelés. Dans les panneaux du plafond, Raphaël a peint une série de 52 incidents de la Bible. On les appelle « la Bible de Raphaël ».

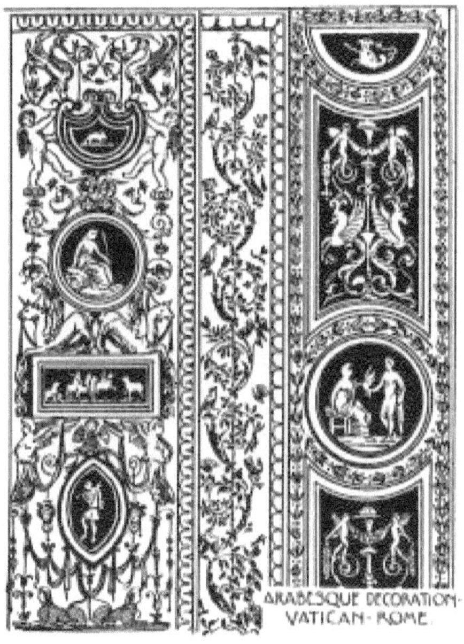

Raphaël fut assisté dans ces travaux de la Loggia par de nombreux artistes contemporains : Giovanni da Udine (1494-1564), Giulio Romano (1492-1546), Francesco Penni (1488-1528), Perino del Vaga (1500-47) et Primatice . (1490-1580), qui acheva une grande partie des travaux après la mort de Raphaël. Ces artistes ont transporté ses traditions et ses méthodes dans d'autres régions d'Italie. Giulio Romano a exécuté de belles décorations murales à la Villa Madama à Rome ; et pour Federigo Gonzaga, duc de Mantoue, il enrichit de belles peintures décoratives et arabesques le palais ducal et le palais du Te . Ces arabesques étaient sur des fonds richement colorés ou bicolores (voir planches 86-9 « *Grammar of Ornament* », d'Owen Jones).

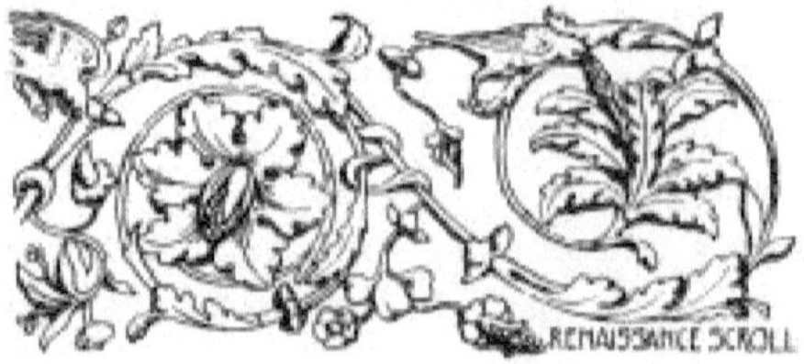

Ces arabesques de Raphaël, surpassées par celles ultérieures de Giulio Romano, montrent une grande inventivité et une savante combinaison de pièces, mais elles ne peuvent pas être comparées au modelé raffiné et beau et à la composition harmonieuse de l'œuvre sculptée contemporaine d'Andrea Sansovino (1460-1528), Jacopo Sansovino (1486-1570), Agostino Busti , Pietro Lombardo (1500) et ses fils Tullio et Antonio. Ces reliefs délicats ont l'acanthe romaine traditionnelle, mais traités avec un sens fin du modelage du relief et de la beauté des lignes ; vases, masques, boucliers et accessoires similaires se retrouvent à profusion dans certains exemples (fig. 3, planche 19). La composition de l'ornement Cinque cento est symétrique, les détails étant variés et très intéressants dans les meilleures œuvres, et bien que manquant de la vigueur et du symbolisme des styles lombard et byzantin, il les surpassait dans son adaptation absolue aux conditions architecturales, avec perfection. de conception et de savoir-faire.

Andrea Mantegna (1431-1517) exécuta neuf peintures ou cartons à la détrempe sur toile, représentant les triomphes de Jules César , qui font partie des cartons d'une frise de 9 pieds de haut et 80 pieds de long, peinte pour le palais de Saint-Lodovico Gonzague. Sébastien à Mantoue, ils furent achetés par Charles Ier et se trouvent maintenant à Hampton Court. Une illustration de cette frise, tirée d'une gravure sur cuivre conservée au British Museum, est donnée à la page 55 ; ils ont également été gravés sur bois par Andrea Andreani en 1599.

De nombreux beaux exemples de l'ornement Cinque-Cento peuvent être trouvés dans les livres imprimés et enluminés contemporains. L'avènement de l'imprimerie en Italie (1465) par les Allemands Conrad Sweynheym et Arnold Pannitz au monastère bénédictin de Subiaco, près de Rome, donna un grand élan à la littérature, et l'imprimerie progressa rapidement en Italie,

plus particulièrement à Venise, où en 1499 Alde Manuce a réalisé l'
Hypnerotomachia , ou rêve de Poliphilus

ORNEMENT DE LA RENASCENCE. Planche 19.

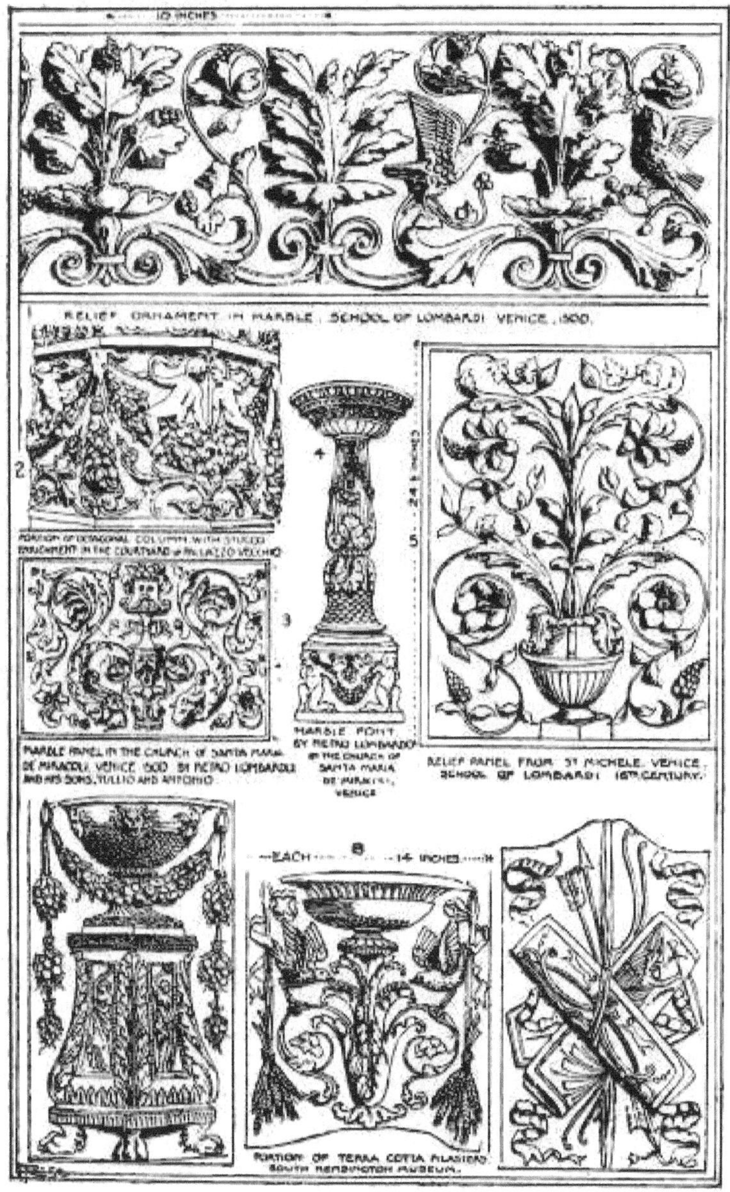

avec des illustrations attribuées à Mantegna. De bonnes reproductions de bon nombre de ces premiers livres illustrés sont données dans « *Italian Book Illustrations* », par A. W. Pollard, n° 12 du Portfolio, décembre 1894 ; et dans « *L'illustration décorative des livres* », de Walter Crane.

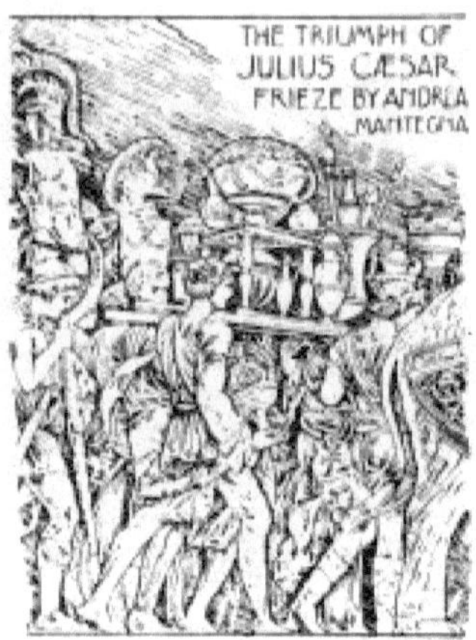

L'étude de l'architecture classique fut stimulée par la publication à Rome, en 1486, du traité de Vitruve, architecte du temps d'Auguste ; une édition fut également publiée à Florence en 1496 et à Venise en 1511. En 1570, Fra Giocondo , à Venise, publia « *Les cinq livres d'architecture* », d'Andrea Palladio (1518-80). Un autre traité d'architecture, de Serlio (1500-1552), fut également publié à Venise en 1537 et 1540.

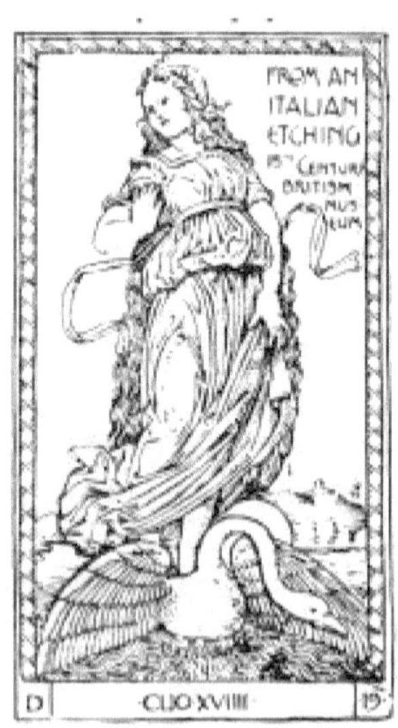

De beaux types de l'art décoratif de la Renaissance étaient les têtes de puits vénitiennes, situées comme elles l'étaient sur la plupart des places publiques de Venise et dans de nombreuses cours de ses palais princiers. Conçue avec des détails du caractère le plus varié et le plus beau par des artistes tels qu'Andrea Sansovino, Pietro Lombardo et ses fils Tullio et Antonio, la tête de puits vénitienne est devenue un type de beauté, diversifiée dans son traitement, mais sans jamais perdre ses caractéristiques ni son utilité. Les têtes de puits vénitiennes présentent une grande variété de formes et de décorations. Les exemples les plus anciens sont carrés ou circulaires, avec des enrichissements de caractère byzantin, constitués en grande partie de lignes entrelacées, circulaires et angulaires, entourant des formes pittoresques d'oiseaux et d'animaux. Dans les exemples ultérieurs, le traitement Renaissance est utilisé avec une richesse et une pertinence singulières, la grâce, la délicatesse et la diversité des détails étant un hommage à la vivacité et au sens artistique de la République de Venise. Ces têtes de puits, travaillées principalement en marbre blanc et faisant preuve d'un bon jugement quant à la qualité du relief, présentent désormais relativement peu de dommages après des siècles d'utilité. Parfois, ils étaient en bronze, dont deux beaux exemplaires sont encore en place dans la cour du palais des Doges. Beaucoup de ces têtes de puits sont soigneusement conservées dans nos musées européens, nous enseignant que la beauté des formes, la perfection et la délicatesse de l'ornement sont tout à fait compatibles avec l'utilité, lorsqu'elles sont utilisées par un peuple artistique.

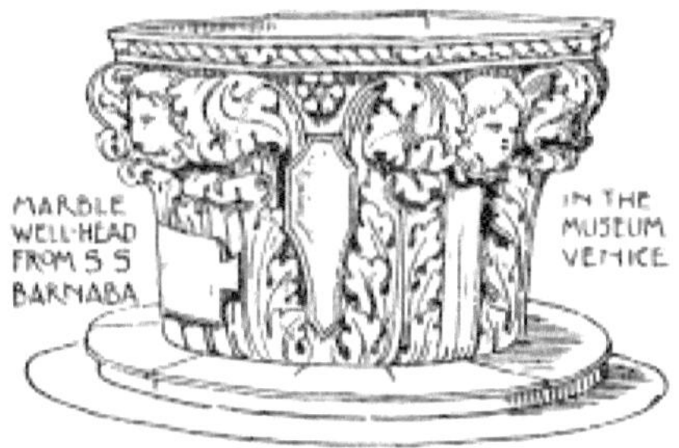

La Renaissance en Italie a été remarquable par les nombreux et magnifiques bâtiments laïques érigés aux XVe et XVIe siècles dans les principales villes d'Italie.

À FLORENCE , les palais ont une dignité sévère de traitement, avec des rangées de pierres rustiques audacieuses, des fenêtres à tête circulaire et des corniches finement proportionnées. Le premier palais de la Renaissance fut le Riccardi (1430) de Michelozzi (1370-1440) ; et il fut suivi par les Pitti (1435), par Brunelleschi (1377-1444), les Rucellai (1460), par Leon Battista Alberti (1389-1472), les Strozzi (1489), par Cronaca (1454-1509), les Gondi (1490), de Giuliano Sangallo (1443-1507), les Guadagni et les Nicolini , de Bramante (1444-1514), les Pandolfini (1520), de Raphaël (1483-1520), et les Bartolini (1520), de Baccio d'Agnolo (1460-1543).

À ROME, les palais étaient caractérisés par des dimensions généreuses et l'utilisation fréquente de pilastres ou de colonnes ioniques et corinthiens, ainsi que de fenêtres à tête carrée avec des frontons triangulaires ou incurvés. Les principaux palais de Rome sont la Cancelleria (1495) et le Giraud (1506) de Bramante (1444-1514), la Farnesina (1506), le Massimi (1510) et la Villa Ossoli (1525), de Baldassare Peruzzi (1481). -1536), le Palma et le Farnèse, d'Antonio Sangallo (1476-1546), le Borghese (1590), de Martino Lunghi , le Laterano , de Fontana (1543-1610), et le Barberini , de Carlo Maderno (1556-1629), Borromini (1599-1667) et Le Bernin (1598-1680).

A VENISE, les palais étaient riches et variés ; avec l'utilisation fréquente de pilastres, de demi-colonnes et de fenêtres à meneaux à tête circulaire suggérées par les palais gothiques antérieurs. La période de la Renaissance commença ici avec la reconstruction de la cour du Palais des Doges (1486) par Antonio Bregno et achevée en 1550 par Scarpagnino . Puis vint une belle série d'édifices, dont les principaux étaient : les palais Vendramini , Trevisani et Gradenigo , de Sante Lombardo (1504-1560) ; le palais Cornaro et la bibliothèque de Saint-Marc, de Sansovino (1479-1570), et le palais Grimani de San Michele (1484-1559).

FRANÇAISE

.

Vers la fin du XVe siècle, la vigoureuse et belle architecture gothique de France, avec ses riches fenêtres à tracés et à meneaux, ses niches et ses auvents, ses flèches à crochets et son traitement varié d'enrichissement floral, perdit sa vitalité ; et fut remplacé par le style de la Renaissance, qui au début était purement italien, mais qui devint ensuite, avec le mélange des traditions et de l'artisanat gothiques, une phase distincte de la Renaissance.

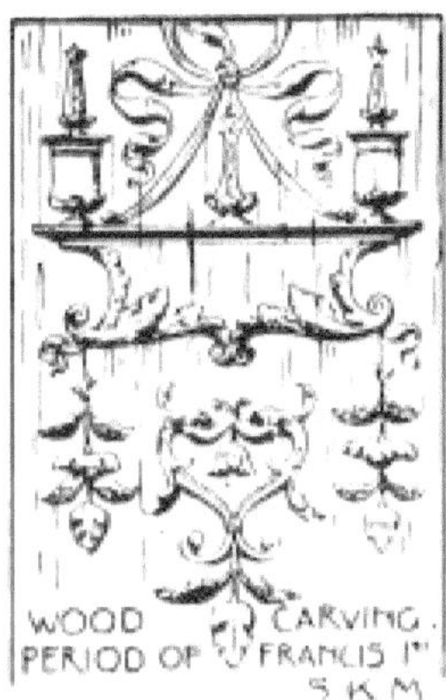

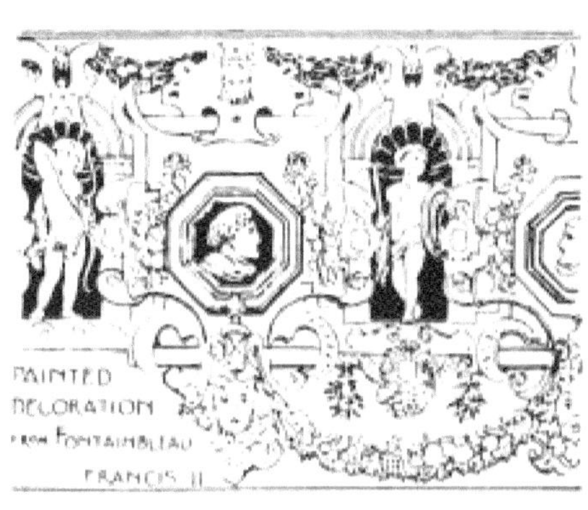

La Renaissance française peut être largement divisée en périodes distinctes : 1ère. La première ou transitionnelle, 1453-1515, lorsque l'influence de la Renaissance commença à se faire sentir. 2ème. 1515-47, FRANÇOIS PREMIER . Cette période est remarquable par le nombre d'Italiens engagés par François Ier pour l'embellissement du Château Fontainbleau , le principal étant Rosso, peintre ; Serlio et Vignola, architectes ; Primatice et Penni, ornemanistes, Benvenuto Cellini, avec son bel art d'orfèvrerie ; et Girolamo della Robbia , qui produisait de la terre cuite émaillée . Le travail de ces artisans de renom a forcément eu une influence marquée sur l'art traditionnel français. De l'architecture de cette période, il y a l'angle sud-ouest du Louvre, commencé en 1548 par Pierre Lescot (1510-78), et enrichi de sculptures par Jean Goujon (1515-72), qui exécuta également les sculptures qui embellissaient le beau Château Ecouen , de Jean Bullant (1515-60), et la belle fontaine des Innocents à Paris, dont une illustration d'un des panneaux est ici donnée. Le tombeau de Louis XII, à Saint-Denis, par Jean Juste (1518), est remarquable par la pureté de ses enrichissements.

3ème. Période HENRI DEUX et HENRI QUATRE , 1547-1610, où la construction des Tuileries fut commencée en 1564 par Philibert de Lorme (1500-78), la construction du Louvre étant poursuivie par De Carreau et Duperac ; le Luxembourg fut ensuite construit par De Brosse, 1610. Cette période était également représentée par les exquises céramiques d' Oiron ou d'Henri Deux Ware, et les fins entrelacs géométriques et arabesques des reliures de Grolier.

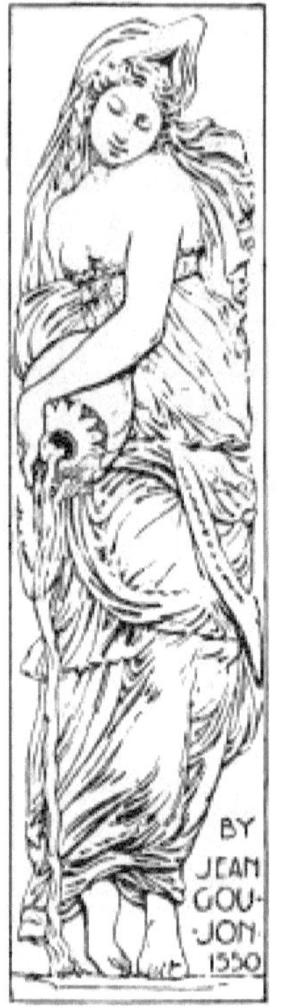

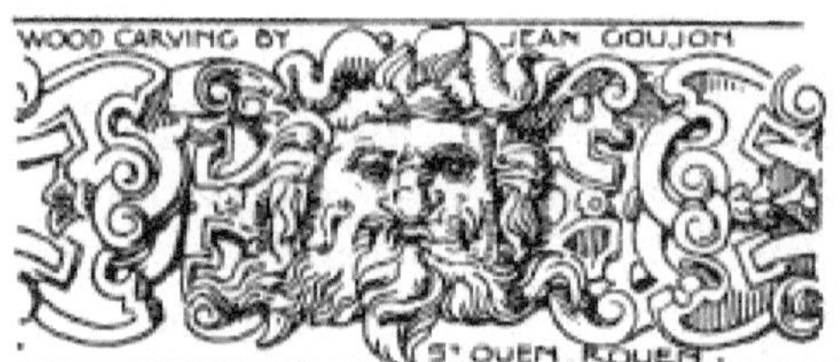

4e période, 1610-43, sous LOUIS TREIZE , où un savoir-faire considérable se montra dans l'ornementation de coquilles et de volutes sculptées et peintes, ainsi que dans les reliures de Le Gascon.

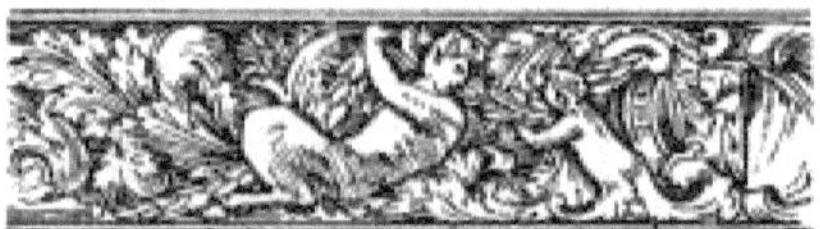

5ème. Epoque LOUIS QUATORZE , 1643-1715, dont le château de Versailles et le Château Maison, de François Mansard (1598-1666), sont des exemples typiques d'architecture. Les compositions décoratives de le Pautre (voir illustrations annexées), et le mobilier richement décoré, en marqueterie d'écaille de tortue et de laiton, d'André Boule (1642-1732) ; la magnifique tapisserie des Gobelins, si généreusement encouragée par le ministre Colbert (1667) ; et les belles poteries de Rouen ; sont caractéristiques des arts industriels et décoratifs.

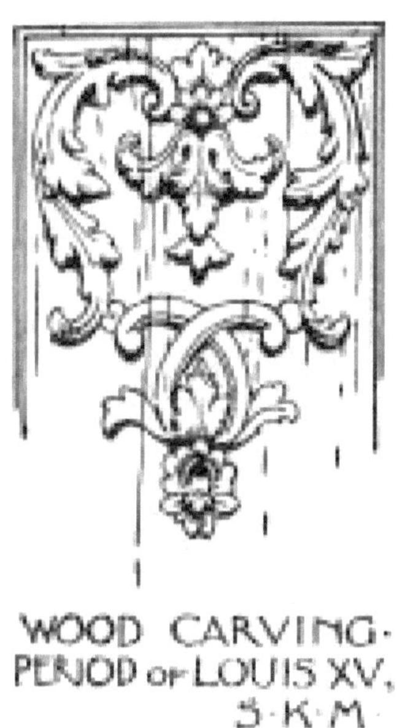

6ème. Période LOUIS QUINZE , 1715-74, où le style rococo domine, la vitalité des périodes précédentes se perdant. Les scènes pastorales du peintre Watteau (1684-1721), et les meubles marquetés de Jean François Ochen (1754-65), pour Madame de Pompadour, sont typiques de cette période.

7ème. LOUIS SAISIR , 1774-89. Les arts de cette période sont plus raffinés et plus réservés dans les lignes, comme en témoignent les beaux meubles en marqueterie de Riesener et David Roentgen avec les montures en bronze doré de Gouthière (1740-1810), pour Marie-Antoinette.

Dernière période, LE STYLE EMPIRE , 1804-70, où les formes purement classiques et les enrichissements grecs prédominent dans l'ensemble des arts décoratifs.

ANGLAISE

.

La période de la Renaissance anglaise commença sous le règne d'Henri VIII et fut contemporaine de celle de la France sous François Ier. C'est Torrigiano , un contemporain de Michel-Ange, qui vers 1519 fit connaître ce nouveau style de Renaissance en érigeant le tombeau d'Henri VIII. VII., et celui de la comtesse de Richmond, dans l'abbaye de Westminster.

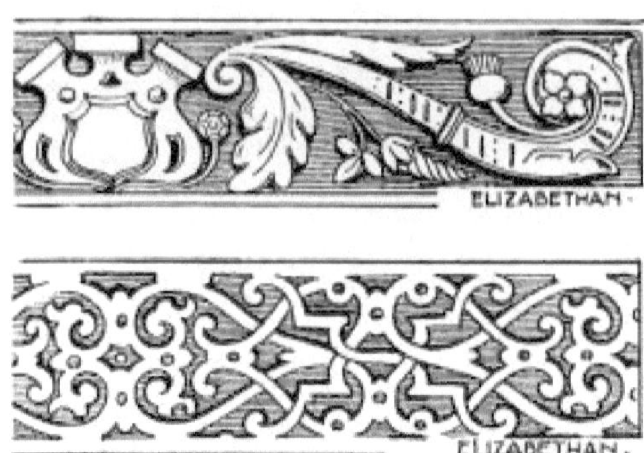

La Renaissance anglaise a été développée davantage par Hans Holbein (1498-1554), arrivé dans ce pays en 1526, suivi par des artisans flamands, allemands et italiens. Ce mélange des styles flamand, allemand et italien avec le gothique traditionnel de notre propre pays distingue la Renaissance anglaise de celle de la France et de l'Italie. La prédominance marquée du travail de sangles entrelacées, si caractéristique de l'ornement élisabéthain et jacobéen, trouve son origine dans des sources flamandes.

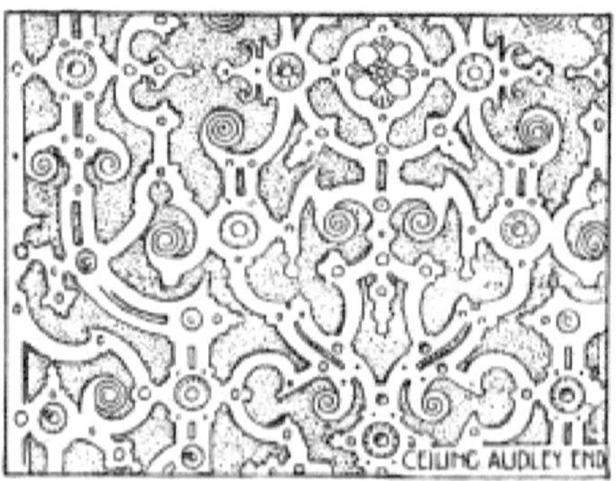

De l'architecture de la Renaissance anglaise, le Caius College de Cambridge (1565-74), de Theodore Hare, de Cleves, et Longleat House (1567-79), de John Thorp, sont les premiers exemples existants. Le Palais Merveilleux de Nonsuch (dont il ne reste aucune trace) fut érigé par Henri VIII. vers 1530-

40, sans doute de style Renaissance, car nous savons qu'elle fut ornée d'ornements et de figures en stuc magnifiquement enrichis par Tolo del Nunziato . Robert Smithson a construit Wollaton House en 1580. Hardwicke Hall et Haddon Hall datent de la dernière époque élisabéthaine (1592-97). Les bâtiments typiques de la période jacobéenne sont Holland House (1607), Hatfield (1611), Bolsover (1613), Audley End (1616), Crewe Hall et Aston Hall (1620). Ceux-ci sont tous enrichis de nombreux et beaux exemples de travaux en plâtre modelé. Celui de Longleat et Hardwicke étant exécuté par Charles Williams, et à Audley End, par Bernard Jansen (1615).

Les stucs anglais de cette période consistaient souvent en lambris géométriques de style similaire aux entrelacs en éventail Tudor et aux pendentifs du siècle précédent. Ces pendentifs richement moulurés étaient reliés entre eux par des bandes de sangles ajourées décorées d'arabesques en bas-relief. De 1615 à 1650, les panneaux étaient composés de formes purement géométriques, telles que des cercles, des carrés, des losanges et des quadrilobes entrelacés, enrichis de délicates arabesques, les nervures ou moulures présentant fréquemment un motif répétitif imprimé dans le plâtre mou.

Les nombreuses belles frises de cette période étaient remarquables par leur audace de conception et leur habileté d'exécution ; fréquemment, une double frise était utilisée, la partie inférieure étant constituée d'arabesques délicates et de sangles entrelacées, tandis que la partie supérieure était constituée de cartouches audacieusement modelées et d'arabesques délicates. Au cours de la dernière partie du XVIIe siècle, en raison de l'influence française, l'enrichissement en stuc consistait généralement en feuillages d'acanthe et en festons.

Depuis Charles Ier (1625) jusqu'à la reine Anne (1702), la renaissance purement italienne a prévalu ; la Maison des Banquets de Whitehall, d'Inigo Jones (1572-1652), étant un bel exemple de cette période. La cathédrale Saint-Paul (1675-1710) de Sir Christopher Wren (1632-1723) et ses nombreuses et belles églises de Londres marquent une époque distincte de la renaissance anglaise ; la tradition étant perpétuée par Vanbrugh (1666-1736) qui construisit le palais de Blenheim et le château Howard. D'autres architectes de cette période étaient Hawksmoor (1666-1726), Kent (1684-1754), Gibbs (1674-1754), Chambers (1726-96), qui construisit Somerset House, et Robert Adam (1725-92), qui réalisa sur la méthode traditionnelle d'enrichissement du stuc, mais d'une manière classique plus rigide et formelle. Ses lambris géométriques d'hexagones, d'octogones et d'ovales étaient enrichis de rendus conventionnels d'acanthe et de feuille d'olivier disposés en petites unités et répétés sans variation sur toute la surface. Ces enrichissements étaient coulés en plâtre ou en compo et étaient traités mécaniquement, dépourvus de la belle qualité décorative du stuc modelé du début du XVIIe siècle. Le monument Wellington de la cathédrale Saint-Paul, d'Alfred Stevens, se distingue d'une grande partie de l'œuvre moderne par sa forte vitalité et le traitement architectonique de la composition, ainsi que par la beauté et la grâce singulière de ses détails.

ORNEMENT MAHOMÉTAIN. Planche 20.

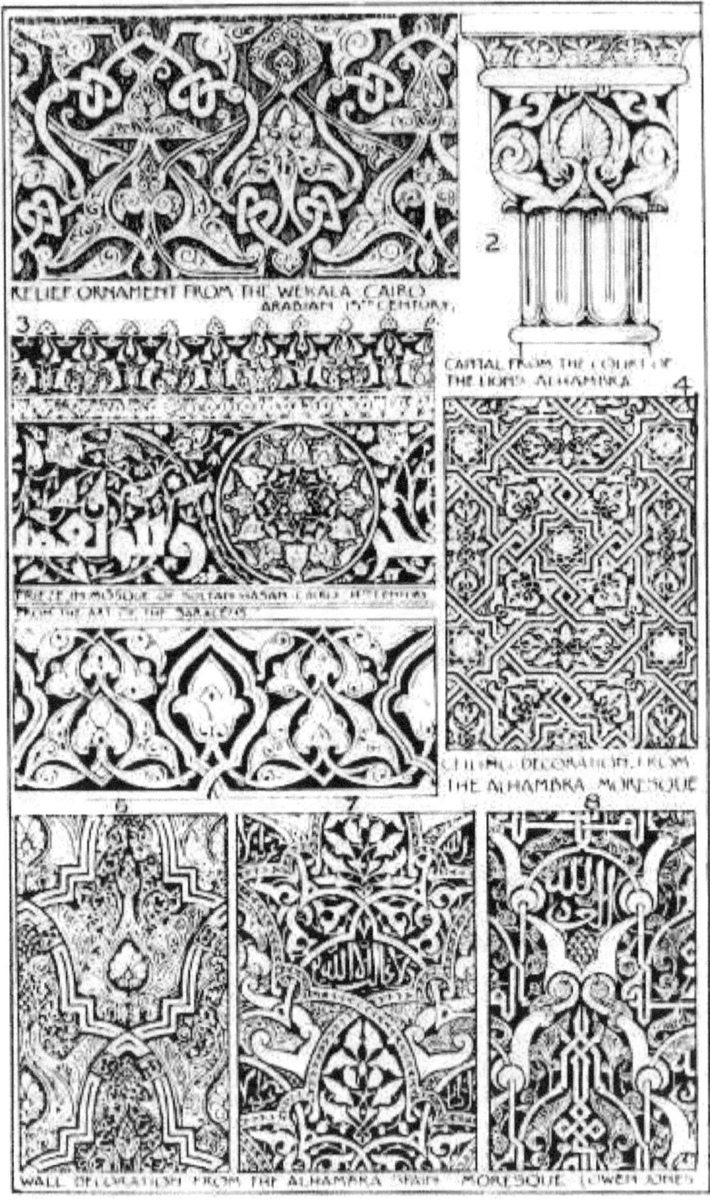

MAHOMÉTAN ET
MORESQUE.

De l'histoire médiévale associée aux arts décoratifs, l'essor et le développement des Arabes sont les plus remarquables. La large appréciation et le mécénat libéral des arts par les Khalifs ; l'influence de sa religion et de ses préceptes sur les périodes artistiques contemporaines et ultérieures ; l'individualité distincte et la disposition géométrique de son ornementation ; tous ont eu un effet très marqué sur la tradition et l'artisanat.

L'histoire commence avec Mohammed, 570-632 après J.-C., qui fonda et consolida l'empire dont, sous Omar, en 635 après J.-C., Damas devint la capitale ; en 638 après JC, Kufa et Bassora furent fondées en Perse. En 641 après JC, l'Égypte fut conquise et la capitale mahométane, Fustât , fondée. La Perse fut conquise en 642 après J.-C., l'Espagne envahie en 711 après J.-C., Bagdad en Perse devint la capitale des califes arabes en 762 après J.-C. et la Sicile fut conquise en 827 après J.-C. ; mais ce n'est que sous la dynastie d'Ibu- Tūlūn , 868-914 ap. J.-C., que commence l'histoire de l'art cairenais, dont la mosquée d'Ibu- Tūlūn à Fustât , ou vieux Caire, est le premier exemple. Sous la dynastie Fatimy , de 867 à 1171 après J.-C., le Caire fut fondé et les arts, bénéficiant d'un nouvel encouragement, furent alors introduits en Sicile et en Europe. En 997 après JC, l'invasion mahométan de l'Inde a eu lieu. En 796-965 après J.-C., la mosquée de Cordoue fut construite, et en 1236, le royaume de Grenade fut fondé et l'Alhambra fut construite par Mohammed ben Alhamar , en 1248 après J.-C. et l'art mahométan, comme en témoignent les décorations architecturales, les armes et les armures , les boiseries, l'ivoire, les tissus et les livres enluminés ont atteint leur apogée sous la dynastie mamelouke , 1250-1516 après JC.

Ainsi les Arabes, issus d'une tribu itinérante, devinrent, par leur zèle religieux et leurs conquêtes, la nation la plus puissante et la plus riche de l' époque médiévale , assimilant et influençant les coutumes et les arts des différentes nations et provinces.

Le terme ART MAHOMÉTAN comprend l'art ARABE , MAURESQUE , PERSAN , INDIEN et SICILIEN , tous ayant les mêmes caractéristiques mais se distinguant par l'influence raciale et la coutume. L'Arabe se caractérise par ses lignes fluides, entrelacées et symétriques, son agencement géométrique (sans doute dérivé de sources byzantines) et la prédominance d'inscriptions ou de textes du Coran. En Espagne, on trouve un arrangement géométrique plus complexe, entremêlé d'un feuillage fluide ou d'une arabesque de type purement conventionnel. Ce style se distingue par son absence totale de toute forme naturelle et son utilisation abondante d'inscriptions et de carreaux vernissés et émaillés , nettement influencés par la tradition persane bien que purement géométrique et formelle. Ces tuiles couvrent la partie inférieure du mur, la partie supérieure, ainsi que le plafond, étant décorés d'arabesques de plâtre modelé en relief plat, de deux ou plusieurs plans, enrichis de rouge, de bleu, de blanc et d'or ; c'est typique du style mauresque. L'œuvre sicilienne est remarquable par ses beaux tissus de soie et la prédominance dans ses ornements d'oiseaux, d'animaux et de formes héraldiques, montrant la continuité des traditions de la Perse.

ORNEMENT PERSAN. Planche 21.

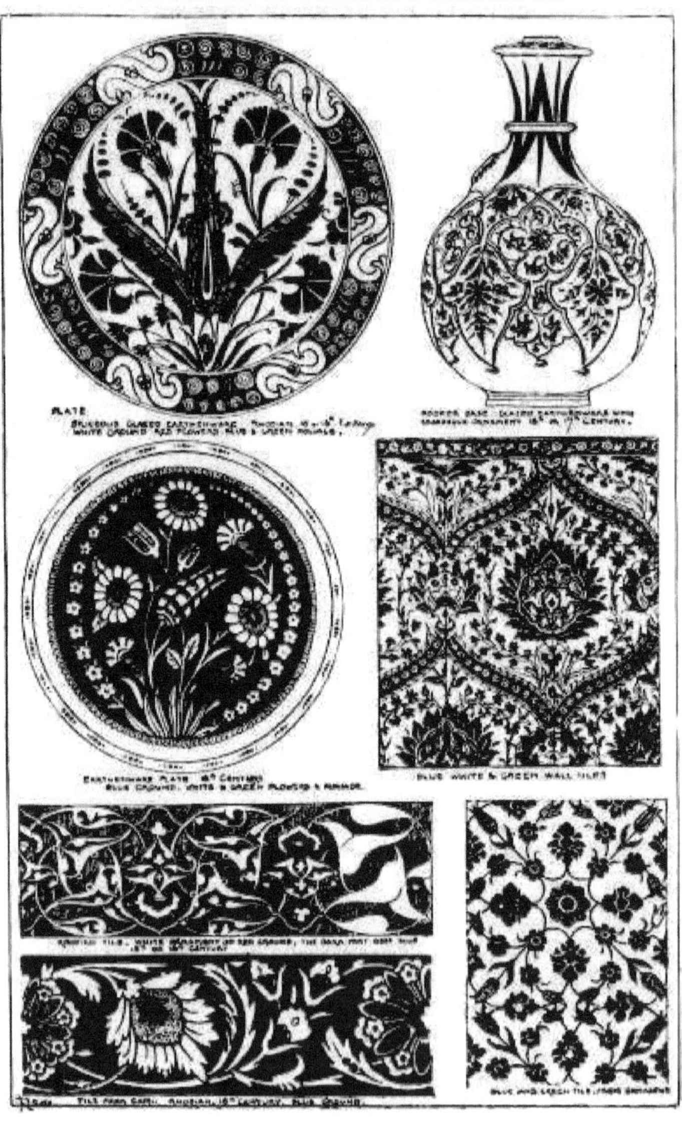

PERSAN

·

L'art primitif de la Perse était similaire à celui de l'Assyrie et de Babylone, ayant les mêmes formes, matériaux et traditions. Avec l'avènement des Sassanides (223 après J.-C.), le dôme elliptique, si typique de l'architecture orientale, fut introduit. Cette coupole reposait sur des pendentifs qui occupaient les angles de la base carrée. Ces pendentifs et la coupole elliptique sont des éléments distinctifs de l'architecture mahométane.

Les arts industriels de Perse ont été largement influencés par les arts traditionnels d'Assyrie et de Chaldée ; cette tradition a été perpétuée avec une compétence rare et un pouvoir sélectif par les Perses, culminant dans la splendide période de Shah Abbas de 1586 à 1625 après JC. La vitalité, la beauté et l'intérêt du détail, combinés à une parfaite adaptation décorative au matériau, sont caractéristiques du textiles, poteries, ferronnerie et manuscrits enluminés des XVe, XVIe et XVIIe siècles.

La conquête mahométienne de la Perse, de 632 à 637 après J.-C., par Abou Bekr , le successeur de Mahomet, influença largement le développement des arts des Perses, qui adoptèrent les coutumes et les habitudes des races contemporaines, tout en conservant toutes les caractéristiques de leur art ; et il ne fait aucun doute que l'art des Arabes était fondé sur les arts traditionnels de Perse.

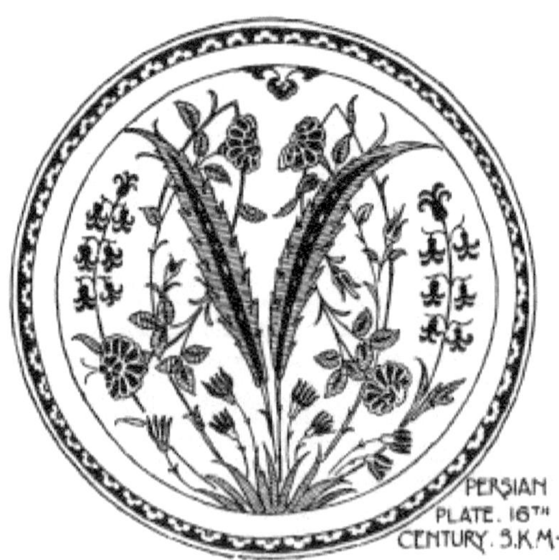

La décoration persane se caractérise par un sens fin de la forme et de la couleur , et par le rendu singulièrement franc des plantes naturelles, comme le rose, la jacinthe, la tulipe, la rose, l'iris, le pin et le dattier. Ceux-ci sont utilisés avec une parfaite sincérité et franchise, et sont d'un traitement essentiellement décoratif, alliant harmonie de composition de masse, beauté de forme et pureté de couleur . C'est sans doute grâce à ces qualités, jointes à la parfaite adaptation de l'ornement à la matière, que le style persan a si largement influencé l'œuvre contemporaine, et notamment les tissus textiles européens des XVIe et XVIIe siècles. Les illustrations données représentent certains types familiers d'adaptations persanes de fleurs naturelles, sans doute choisies pour leur signification, la beauté de leur croissance et de leur forme, et la pertinence de leur traitement décoratif. Les formes purement arabes, comme le montre la planche 21, sont fréquemment associées au traitement floral persan, témoignant de l'influence des artistes de Damas. De nombreux beaux exemples de carreaux muraux lustrés , datant des Xe et XIe siècles, se trouvent au South Kensington Museum, dont la coloration bleue, brune et turquoise est d'une qualité splendide. Ils comportent souvent des inscriptions arabes entrecoupées d'enrichissements floraux. Des exemples de carrelages muraux du VIIIe siècle ont été retrouvés dans les ruines de Rhages .

Ces carreaux lustrés sont un exemple remarquable de tradition ou de propension héréditaire. Cet art, commençant par les briques émaillées de Babylone et la frise ultérieure de Suse, page 16, avec son émail brillant et sa belle couleur , fut continué par les Perses et, passant aux Arabes, la tradition fut transportée au Caire, en Espagne. et Majorque ; de là en Italie, où émaillé Des objets lustrés étaient fabriqués, différant du Persan original par son absence fréquente d'utilité, qui était fondamentale pour l'art des Perses.

L'ornement mahométan comporte quatre grandes divisions, à savoir : arabe, mauresque, indien et persan ; et ils sont caractérisés par des compartiments ou des champs fortement marqués qui sont remplis d'enrichissements plus fins et plus délicats. Ces compartiments sont plus prononcés dans le mauresque avec ses entrelacs géométriques complexes et son absence totale de formes naturelles (fig. 4, 6, 7 et 8, page 62). Le style arabe est quelque peu similaire, mais moins formel. L'Indien a une représentation conventionnelle des plantes, et l'introduction du lion, du tigre et de l'éléphant (fig. 2, planche 23) ; tandis que dans l'œuvre persane, il y a un arrangement constructif encore moins formel, avec des formes florales clairement définies en ligne et en masse, et l'introduction de la figure humaine avec le cheval, le lion, le tigre et les oiseaux. Notez l'illustration dans Textiles qui est tirée d'un beau tapis du South Kensington Museum. Dans ce tapis, les formes animales, choisies avec un pouvoir de sélection et un jugement rares, sont combinées à l'enrichissement floral typique de la Perse, avec la richesse des couleurs , l'espacement admirable des détails et de la masse, la beauté de l'incident et de la vigueur , et la pertinence du traitement. Ce sont là des caractéristiques qui distinguent les dessins industriels de la Perse, et c'est sans doute à l'intérêt et à la vitalité de leur ornement que l'on doit l'influence remarquable de l'art persan sur l'artisanat européen contemporain et ultérieur.

ORNEMENT PERSAN. Planche 22.

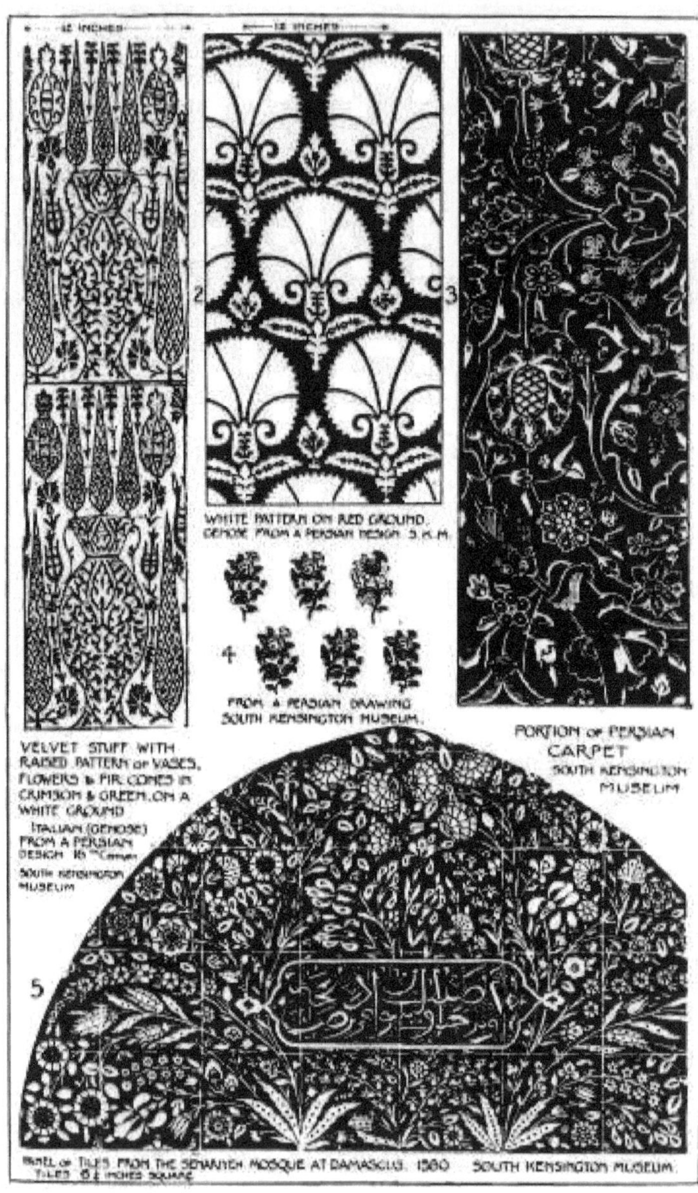

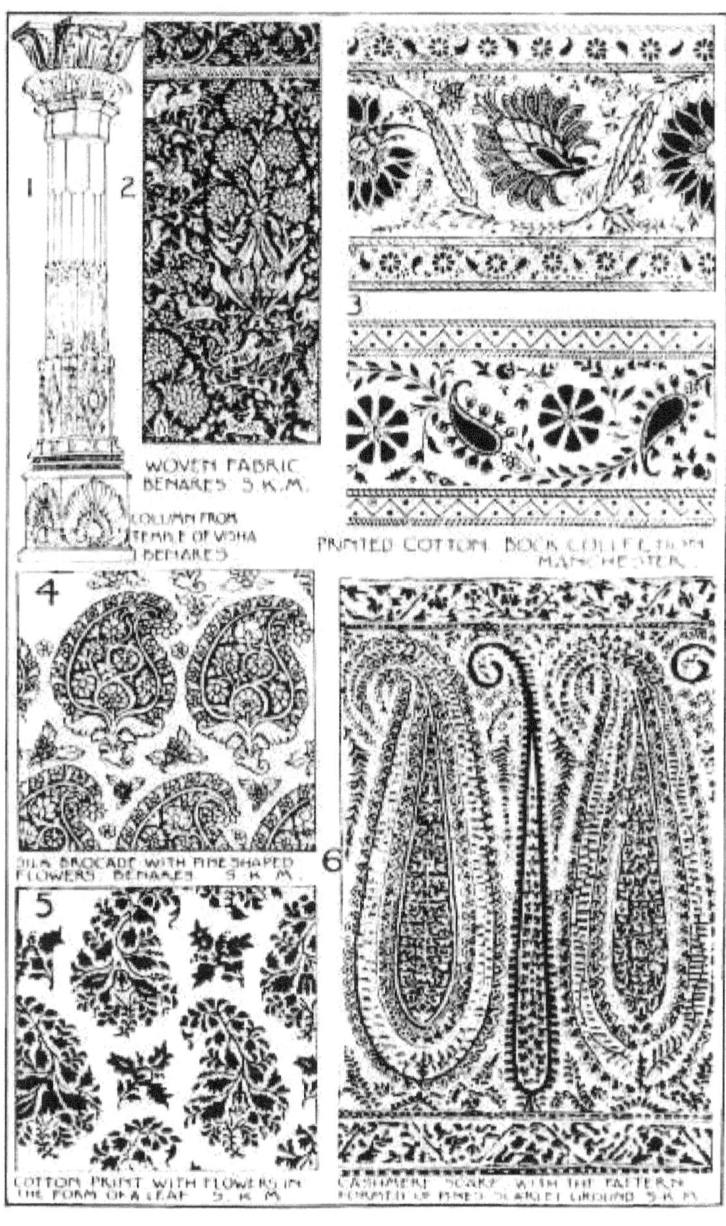
1
2
WOVEN FABRIC
BENARES. S.K.M.
COLUMN FROM
TEMPLE OF VISHA
BENARES
3
PRINTED COTTON. BOOK COLLECTION
MANCHESTER.
4
SILK BROCADE WITH PINE SHAPED
FLOWERS. BENARES. S.K.M.
6
5
G
COTTON PRINT WITH FLOWERS IN
THE FORM OF A LEAF. S.K.M.
CASHMERE SCARF WITH THE PATTERN
FORMED OF PINES. SCARLET GROUND. S.K.M.

INDIEN

·

La civilisation de l'Inde date d'un passé lointain, mais les vestiges les plus anciens de son art et de son architecture sont liés à la religion bouddhiste, introduite par le prophète Sakya Muni, en 638 avant JC. Cela a influencé les arts de l'Inde jusqu'en 250 après JC, lorsque le style Jaina a été adoptée. Les exemples d'architecture bouddhiste sont constitués de Topes (qui étaient des temples sacrés ou monumentaux, détachés ou creusés dans la roche) et de monastères. Les temples creusés dans la roche se composent généralement d'une nef et de bas-côtés, ainsi que d'un renfoncement semi-circulaire contenant une statue du Bouddha assis. La salle comporte des colonnes carrées ou octogonales, avec des chapiteaux à consoles (fig. 1). Les plus beaux exemples de ces temples sont ceux d'Ajanta, qui sont richement décorés en couleurs d'incidents de la mythologie hindoue. Les beaux temples d'Ellora, entièrement taillés dans la roche, datent de la période Jaina , 250 après JC. Les pagodes de Chedombaram sont de la période brahmane, tout comme la grande salle de 1 000 piliers, qui mesure 190 × 340 pieds. , contenant l'image sacrée du dieu Siva.

Alexandre le Grand conquit l'Inde en 327 av. J.-C. et y laissa sans aucun doute l'influence de la tradition perse. Cette influence s'est encore développée par les relations commerciales de la Perse et de l'Inde, et par l'invasion arabe de l'Inde en 711 après J.-C., lorsqu'une dynastie mahométane fut établie, de 711 à 1152. Cette influence contrôla et influença largement les arts sous la dynastie moghole, 1525. -1837, époque où les arts décoratifs et la fabrication des beaux brocarts et soieries tissés sont pleinement développés. Les splendides tapis et moquettes, les cotons imprimés, les ouvrages en métal et les émaux fins de cette dynastie rendent un hommage remarquable à la vitalité, à l'originalité des idées et à l'utilité pratique des arts industriels de l'Inde.

L'ornement indien présente la division mahométane typique des espaces, mais il est plus fluide et plus gracieux que le pur style arabe. Ces divisions sont remplies de fines formes florales conventionnelles, comme le lotus, le dattier ou le hom , l'iris, la rosette et le pin. Ce pin est parfois traité comme une seule fleur, mais plus fréquemment comme une grappe de fleurs, qui conserve encore la forme distinctive du pin (fig. 2, 4 et 6).

Le traitement judicieux de l'éléphant, du lion, du tigre, du paon et de la figure humaine comme accessoires dans les arts décoratifs de l'Inde est également typique de cette période. Ils ont été appliqués avec un savoir et une habileté rares, combinés à une perception artistique des arts appliqués, démontrant une très forte affinité avec l'ornement persan contemporain.

L'ornement indien a un rendu plus conventionnel des formes naturelles que le traitement franc de l'ornement persan. L'impression en bloc sur des tissus de soie et de coton a atteint un haut degré de perfection au cours du siècle dernier. L'inventivité et l'importance du détail ; le charme de la composition des lignes et de la masse et la belle couleur de ces tissus imprimés sont le reflet du sentiment décoratif de la beauté des habitants de l'Inde.

ORNEMENT CHINOIS ET JAPONAIS. Planche 24.

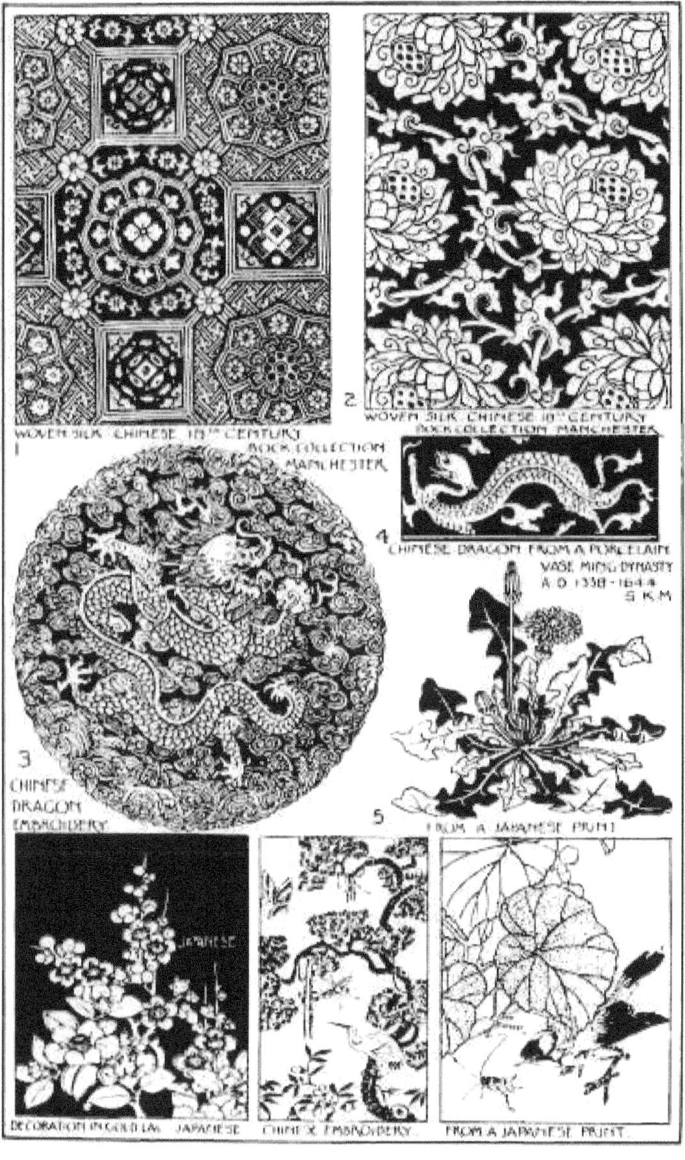

<h1 align="center">chinois et
japonais.</h1>

Les premiers bronzes, émaux, porcelaines et tissus textiles de Chine témoignent de la perfection et de la luxuriance des arts décoratifs de cet ancien empire. Cette perfection se manifeste par une technique splendide et une fine appréciation de la couleur et de l'ornementation, différenciées des nations occidentales par des mythes, des traditions et la remarquable persistance de quelques formes typiques à travers de nombreux siècles, sans doute en raison du profond culte et de la vénération ancestrale pour le passé. Le Dragon était représenté sous de nombreux aspects, formant fréquemment des lignes de composition vigoureuses (fig. 3, 4). La belle flore du pays a largement influencé l'art chinois. La pivoine et le chrysanthème (souvent très conventionnalisés) en sont des exemples typiques, formant les éléments du design décoratif. Les formes géométriques, comme l'hexagone, l'octogone et le cercle, enrichis de fleurs ou de frettes, sont largement utilisées. Les nombreux exemples splendides de cloches, de gongs et de brûle-encens en bronze et en fer : — les sculptures en bois, en ivoire et en jade ; — les belles soies tissées et les tissus brodés, ainsi que la richesse et la pureté de leur porcelaine, témoignent tous de la polyvalence et la vitalité des arts décoratifs chinois dans le passé. Leur architecture était généralement en bois, se distinguant par la complexité et le caractère pittoresque des formes plutôt que par la beauté des proportions et des détails, mais leurs pagodes ou temples étaient en briques recouvertes de tuiles vernissées, la plus remarquable de ces constructions étant la pagode Nankin de la dynastie Ming (1412-31 après J.-C.), avec ses tuiles impériales jaunes.

Les arts du Japon, bien qu'ils doivent sans doute leur origine à la Chine, se différencient par une observation plus fine de la nature et un traitement plus littéral du paysage, de la vie des oiseaux et des animaux, ainsi que de la belle flore du pays - le « kiki » ou chrysanthème, le le « botan » ou pivoine, le « kosai » ou iris, le « yuri » ou lys, le « kiri » ou paulawina Imperialis (ressemblant un peu à notre marronnier d'Inde), le « ume » ou prune, le « matsi » ou sapin, et le « taki » ou bambou, — de même le paon, la grue, le canard, le faisan et de nombreux petits oiseaux magnifiques, avec des reptiles, des insectes et des poissons ; tous sont des éléments des arts décoratifs, rendus avec une fidélité et une délicatesse de toucher remarquables, unies à un sens fin de la composition des lignes. C'est ce traitement littéral des types naturels, la technique merveilleuse et surtout la signification des formes choisies qui font le charme de l'art japonais antérieur. Il est singulier que les matériaux utilisés par les Japonais aient peu de valeur intrinsèque. N'ayant pas de bijoux , ils utilisent peu les métaux précieux ; le fer, le bronze, les émaux, le bois et la laque, étant les principaux matériaux utilisés dans les arts décoratifs du Japon.

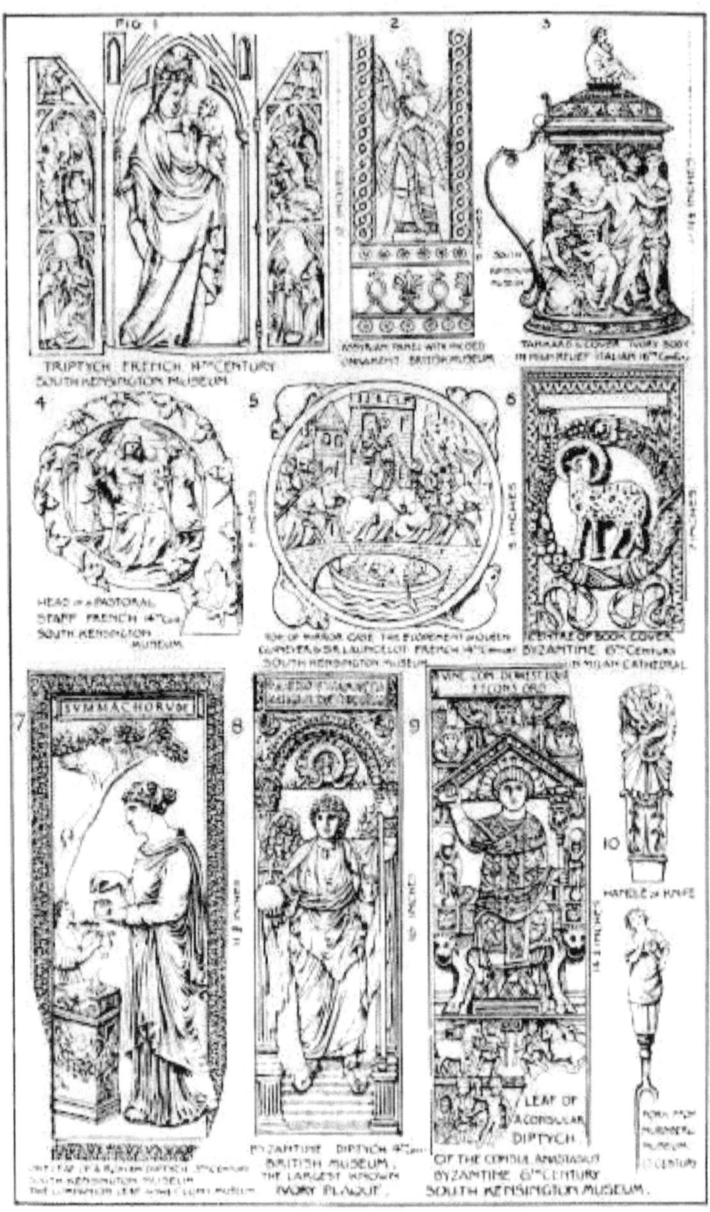

IVOIRE,

sans aucun doute en raison de sa belle texture, de sa couleur et de sa capacité d'adaptation à une sculpture délicate, il est utilisé depuis une période reculée. L'Égypte, l'Assyrie et l'Inde ont chacune apporté de nombreux et beaux exemples d'artisanat raffiné, révélateurs de la culture artistique des siècles précédant l'ère chrétienne. À propos de Salomon, nous lisons dans I Rois, 18, x : « Le roi fit un grand trône d'ivoire et le recouvrit du meilleur or. » Cette utilisation traditionnelle de l'ivoire provenait très probablement de l'Égypte, source de nombreux arts décoratifs.

À l'époque péricléenne de la Grèce, l'ivoire était utilisé pour la figure d'Athéna Parthénos par Phidias, placée à l'intérieur du Parthénon. Cette statue de la déesse debout, haute de 40 pieds, était en or et en ivoire (appelée *sculpture chryséléphantine*), la draperie étant en or battu et les parties exposées de la figure constituées de pièces d'ivoire soigneusement ajustées. Une figure *chryséléphantine* assise de Jupiter, d'environ 58 pieds de haut, dans le temple d'Olympie, était également de Phidias. Pausanias le voyageur romain énumère une dizaine de statues *chryséléphantines* qu'il a vues au cours de ses voyages, en 140 après JC.

La période romaine est remarquable par les nombreux et beaux diptyques consulaires, que l'on peut aujourd'hui voir dans nos musées nationaux. Ils se composent de deux feuilles d'ivoire mesurant généralement 12 pouces sur 5 pouces, l'intérieur ayant un plan légèrement enfoncé recouvert de cire sur lequel on peut écrire, l'extérieur étant enrichi de délicats reliefs sculptés (figs. 7, 8 et 9). Ces diptyques étaient offerts par les nouveaux consuls, lors de leur nomination, à leurs amis et officiers de l'État. Le consul est généralement représenté assis sur la chaise curule rembourrée, ou chaise d'État, et son nom est généralement écrit sur le dessus d'une feuille.

Les Byzantins enrichirent d'ivoire les couvertures de leurs manuscrits, dont une illustration est donnée à la fig. 6 ; le trône d'ivoire de Maximien , archevêque de Ravenne, 546-556 après JC, est également de cette période. Un beau traitement de l'ivoire était utilisé aux XIIIe et XIVe siècles par les Sarrasins d'Egypte ; ils travaillaient fréquemment une fine marqueterie géométrique d'ivoire sur de l'ébène ; dans d'autres exemples, les panneaux d'ivoire étaient pentagonaux, hexagonaux ou en forme d'étoile et sculptés d'arabesques délicates, l'encadrement des panneaux étant en cèdre ou en ébène. En Inde, la sculpture sur ivoire atteint un haut degré de perfection, notamment dans les nombreux peignes en ivoire, avec des travaux ajourés et en relief représentant la figure de Bouddha entouré de feuillages et d'éléphants richement caparaçonnés.

A l' époque carlovingienne , du VIIIe au Xe siècle, l'ivoire était largement utilisé pour la fabrication de coffres ou de petits coffres. Au début de la période gothique en Italie et en France, des crucifix, des bâtons pastoraux, des crosses, des statuettes et des triptyques en ivoire étaient fabriqués en grand nombre ; et les peignes et miroirs en ivoire de la Renaissance présentent de beaux reliefs de sujets légendaires ou allégoriques. Parmi les ivoires picturaux, les artisans japonais modernes font preuve de la plus haute compétence technique, combinée à une perception aiguë de la nature et du mouvement, mais leurs ivoires n'ont pas la beauté et la dignité de la composition et le traitement décoratif des ivoires anciens et médiévaux .

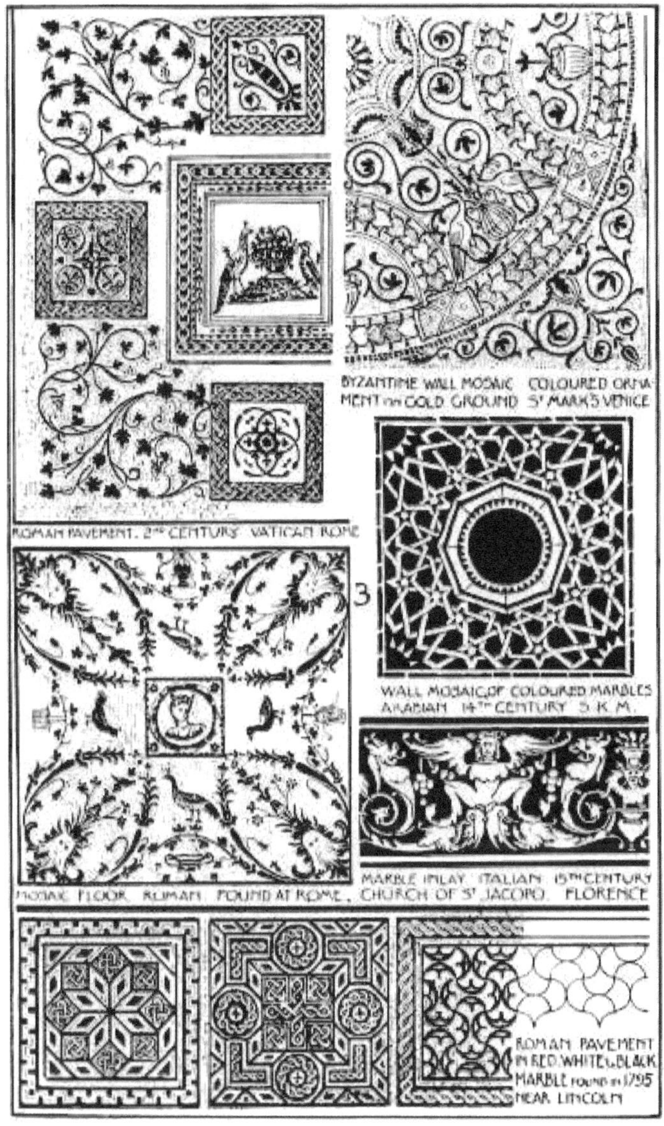
BYZANTINE WALL MOSAIC COLOURED ORNAMENT ON GOLD GROUND ST MARK'S VENICE
ROMAN PAVEMENT. 2ND CENTURY. VATICAN ROME
3
WALL MOSAIC OF COLOURED MARBLES ARABIAN 14TH CENTURY S.K.M.
MOSAIC FLOOR. ROMAN. FOUND AT ROME, CHURCH OF ST JACOPO. FLORENCE
MARBLE INLAY ITALIAN 15TH CENTURY
ROMAN PAVEMENT IN RED WHITE & BLACK MARBLE FOUND IN 1795 NEAR LINCOLN

MOSAÏQUES.

La durabilité, la gamme de couleurs et l'adéquation des matériaux et du traitement aux conditions architecturales ont placé l'art de la mosaïque comme le principal enrichissement décoratif de l'architecture. Son antiquité est incontestable, car dans le Livre d'Esther, I , 6, nous lisons « d'un pavé de marbre rouge, et bleu, et blanc et noir ».

La mosaïque est l'art de former des motifs au moyen de pièces de matériaux de couleurs variées , assemblées ensemble, et est largement divisée en trois classes : (1) OPUS TESSELATUM , ou mosaïque d'argile ; (2) OPUS LITHOSTRATUM , ou mosaïque de pierre ; (3) OPUS MISERUM , ou mosaïque de verre. Ces divisions se subdivisent encore en : 1° *Opus Figlinum* , ou mosaïque céramique, formée d'une composition vitreuse et colorée avec des oxydes métalliques ; (2) *Opus Signinum* , petits morceaux de tuile ; (3) *Opus Vermiculatum* , subdivisé en (a) *Majus* , marbre noir et blanc, (b) *Medium* , dans lequel tous les matériaux et couleurs étaient utilisés, et (c) *Minus* , de minuscules tesselles , principalement utilisés pour la marqueterie de meubles ; (4) *Opus Sculpturatum* , plaques de marbre creusées et remplies de marbre gris ou noir ; (5) *Opus Alexandrinum* , incrustation de porphyre et de serpentine ; et (6) *Opus Sectile* , formé de différentes lames ou tranches de marbre de diverses couleurs .

C'est à Rome que l'art de la mosaïque a atteint sa plus grande perfection, au cours des Ier et IIe siècles après J.-C., et de nombreux exemples splendides de cette période se trouvent aujourd'hui dans les musées du Vatican et de Naples. Le plus bel exemple provient de la Maison du Faune, à Pompéi, et représente la bataille d'Issus, entre Alexandre et Darius. Cette mosaïque, du IIIe siècle avant JC, est probablement une copie d'une peinture grecque.

De nombreuses belles mosaïques romaines ont été trouvées en Angleterre à Cirencester , Londres, Lincoln (fig. 6), Leicester et à Brading sur l'île de Wight.

La tradition se perpétue en Italie à Ravenne et à Venise, où l' *Opus Miserum* atteint son point culminant. Parmi les mosaïques de Ravenne, celles du baptistère, 450 après JC, et de S. Apollinare sont des exemples typiques des mosaïques byzantines antérieures, ayant un fond vert foncé et or avec des tesselles d'environ ⅜ pouce carré. La belle frise des saints et saintes de S. Apollinaire s'étend des deux côtés de la nef et mesure 10 pieds de haut. Les voûtes et les dômes de Saint-Marc sont entièrement recouverts de la mosaïque byzantine à fond d'or caractéristique du XIe siècle, formée par la fusion de deux morceaux de verre avec des feuilles d'or entre eux. À Sainte-Sophie de Constantinople, il existe d'autres belles mosaïques des VIe et VIIe siècles. En Italie, sous les Cosmati (famille de mosaïstes des XIIIe et XIVe siècles), de fines mosaïques géométriques incrustées étaient utilisées pour l'enrichissement des tombeaux et des autels en marbre ; quelques bons exemples de ce style se trouvent à l'abbaye de Westminster sur la tombe d'Édouard le Confesseur (achevé sous Henri III, 1270 après JC).

CÉRAMIQUE GRECQUE. Planche 27.

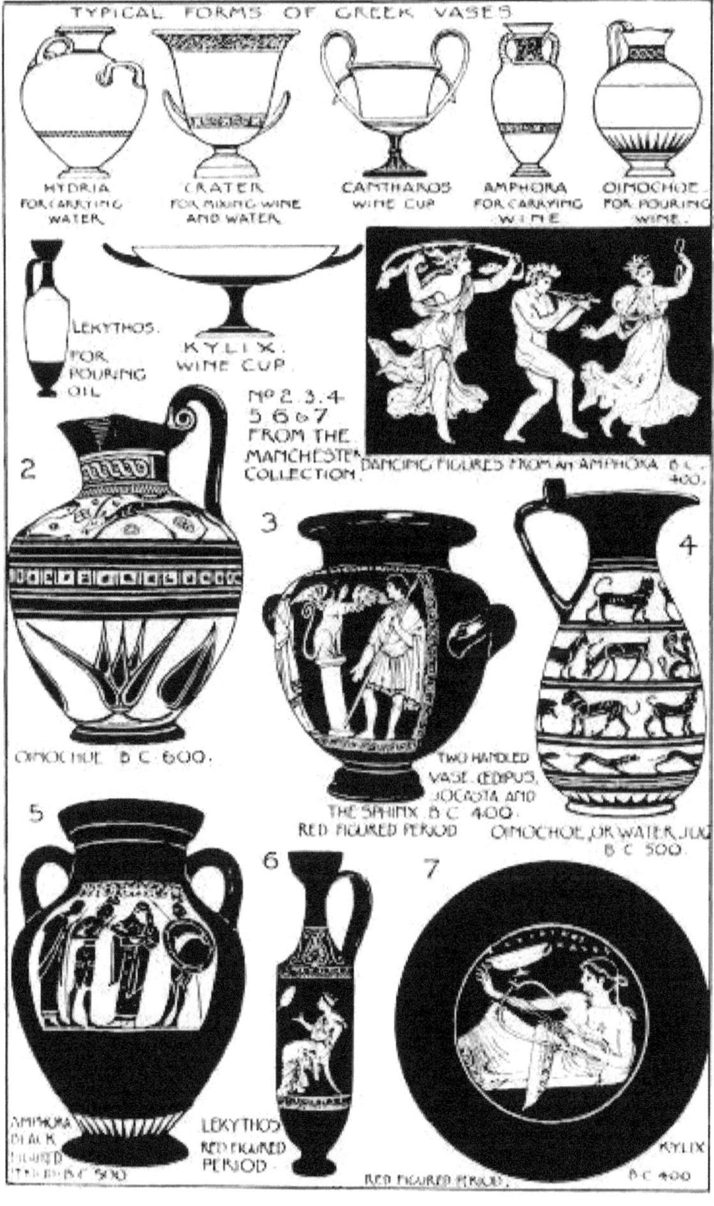

GRECQUE

.

Il est difficile au XIXe siècle de se rendre compte de l'importance des vases dans la vie antique. Pour les Grecs, un vase était un récipient pour la nourriture, les liquides ou le stockage, ainsi que pour la décoration de la maison. Il était utilisé dans la vie quotidienne des vivants et enterré avec les morts. La plupart des plus beaux vases grecs ont été trouvés dans des tombes étrusques, mais de fabrication grecque, importés de Grèce ou de colonies grecques. Quelques vases étrusques noirs non émaillés ont été trouvés, mais les vases peints d'origine étrusque sont rares.

Des poteries grecques anciennes, datant probablement du 10ème siècle avant JC, ont été trouvées en Grèce, dans les colonies de Rhodes, de Cyrène en Afrique et de Naucratis dans le delta d'Égypte. Celles-ci, témoignant d'un développement historique, sont disposées en groupes, chacun avec son propre style. trait distinctif : — (1er) Vases primitifs, de forme simple, anses petites ou absentes, décors en ligne simple, troués ou incisés, ou en barbotine en relief. (2e) Vases MYCÉNIENS ou COLONIAUX (900-700 av. J.-C.), souvent recouverts d'une engobe crémeuse ; les dessins peints en marron et noir, étant dérivés de motifs géométriques aux formes marines et animales. (3e) DIPYLON ou GÉOMÉTRIQUE (BC 700), avec enrichissement du motif de frettes et panneaux avec des figures grossières d'hommes et d'animaux en noir et marron. (4e) PHALERON WARE (BC 700-550), avec des bandes continues d'animaux, probablement originaires de Phénicie ou d'Assyrie (fig. 4). Parmi les animaux représentés, sont placées des parties du motif de frettes, une survivance du style précédent. Les détails sont incisés à travers la figure noire ou brune, montrant la couleur du corps d'argile. Un développement de ce Phaleron Ware fut l'introduction de la rosace, remplaçant le motif de frette, entre les personnages ou les animaux. (5e) PÉRIODE À FIGURES NOIRES (600-480 av. J.-C.), vases de profil fin et avec de bonnes poignées, le corps du vase, en faïence rouge, étant peint de sujets de la mythologie grecque en noir, et les détails incisés ; les visages, les bras et les jambes des figures féminines étaient ensuite peints en barbotine blanche ou rouge et tirés à basse température. L' AMPHORE (fig. 5) était la forme principale de cette période à figures noires, quelques beaux exemples sont signés par Exekias et Amasis. (6e) la période de transition (500-470 av. J.-C.), où les figures noires sur fond rouge ont cédé la place à la PÉRIODE DES FIGURES ROUGES sur fond noir. Les artistes de ce style étaient Epiktetos , Pamphæios , Nicosthenes et Pythos . De nombreux vases de Nicosthène ressemblent à des œuvres métalliques contemporaines dans leur forme et leurs poignées. Le 7e groupe (470-336 av. J.-C.), également à figures rouges sur fond noir, est la période où les fictiles grecs atteignent leur plus haute perfection, la principale forme employée étant le KYLIX . Une belle série de ces *Kylikes* , signés par Cachrylion , Euphronios , Duris , Pethenos et Hieron , se trouve au British Museum.

Un vase produit spécialement à des fins funéraires était le LÉKYTHE ATHÉNIEN , dont le corps était recouvert d'engobe blanc , puis peint en polychromie avec des sujets d'une singulière pertinence.

CÉRAMIQUE. Planche 28.

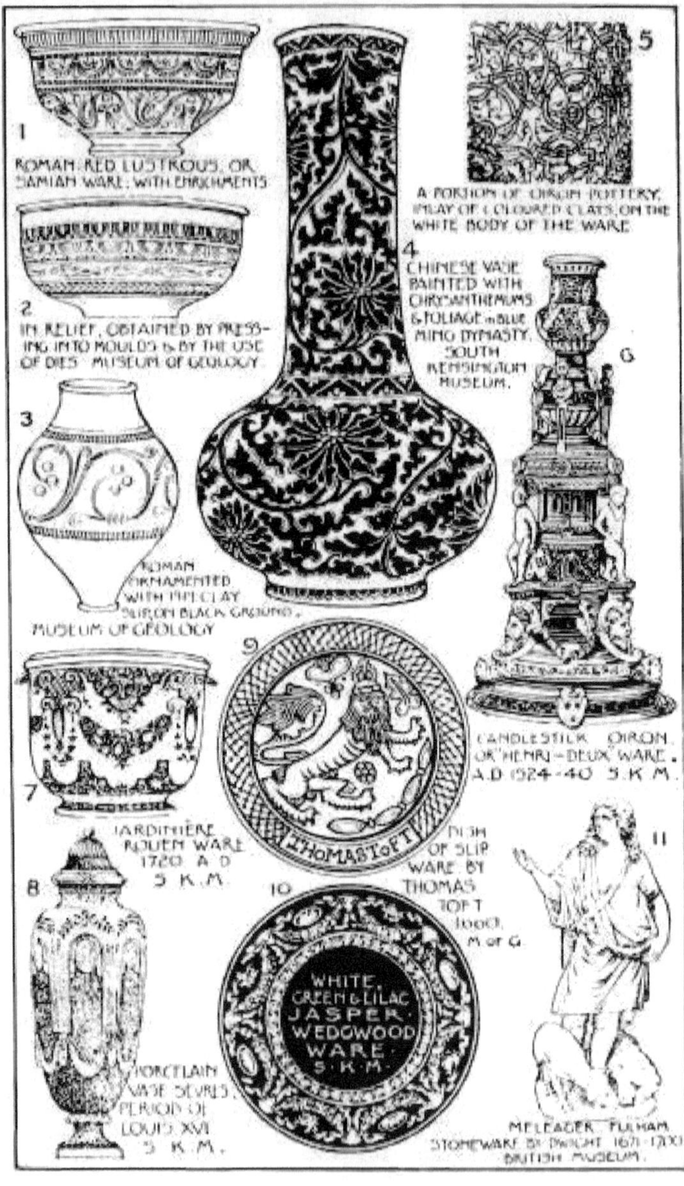

CÉRAMIQUE

·

L'ancienneté de l'art céramique et ses qualités scientifiques et artistiques rendent ce sujet d'un intérêt considérable pour les étudiants en art.

La plasticité de l'argile et ses qualités de durcissement sous l'influence d'une chaleur intense, son adaptabilité aux formes les plus raffinées et appropriées, son affinité pour les belles émaux et émaux si souvent associés à la poterie, et ses splendides traditions d'artisanat, de couleur , de forme. et les décorations, si belles et si variées en caractère, tout se combine pour investir le sujet d'un charme ou d'une fascination qui lui est propre. Intrinsèquement sans valeur dans son état naturel, il est capable de devenir presque inestimable grâce à un savoir-faire scientifique et à un talent artistique. L'histoire de ce matériau et de sa facilité d'adaptation aux formes les plus raffinées et les plus complexes, ainsi que les plus simples, offre des leçons inestimables aux étudiants en art d'aujourd'hui.

L'argile de poterie peut être classée en trois divisions ou rubriques : (1) FAÏENCE. (2) GRÈS. (3) PORCELAINE. Sous la première sont regroupés le plus grand nombre d'objets en céramique. Les poteries d'Egypte, les faïences d'Assyrie et de Perse, les vases grecs et étrusques, les célèbres faïences rouges de l'île de Samoa, et son pendant la faïence romaine de Samian, les belles majoliques d'Espagne et d'Italie, les poteries de Rouen, de Saint-Pierre Porchaire , Delft et la plupart de nos poteries anglaises sont des faïences ; la pâte ou le corps est constitué d'argiles naturelles sélectionnées pour leur plasticité, leurs qualités durcissantes, leur fusibilité ou leur couleur , et lorsqu'elles sont brûlées, elles présentent un corps poreux opaque, généralement de couleur terne . Cette matité était généralement surmontée en enduisant la vaisselle d'une fine argile blanche qui, bien que ne possédant pas les qualités inhérentes pour former de la poterie par elle-même, adhérerait aux surfaces plus grossières . corps coloré de la faïence, formant ainsi un fond blanc et lisse. Les premiers vases grecs de Nancrates , le plus récent Lekythos des Grecs, la faïence de Perse, la Mezza Maiolica et le Sgraffito de la première Renaissance italienne, ainsi que nos slipwares anglais sont des exemples de cette méthode consistant à donner une surface blanche et lisse aux couleurs grossières. faïence. Un résultat similaire à celui du revêtement en barbotine a également été obtenu grâce à l'utilisation d'un vernis siliceux, rendu blanc et opaque par l'ajout d'oxyde d'étain. La faïence assyrienne ancienne, les céramiques de Della Robbia , la majolique d'Espagne et d'Italie, ainsi que les marchandises de Delft et de Rouen sont des faïences recouvertes d'un émail d'étain.

La glaçure siliceuse mentionnée ici est préparée en fusionnant des matériaux siliceux avec de la soude ou de la potasse et est connue sous le nom de vitreuse ou glaçure de verre. La glaçure plombifère, ou plombifère, est produite par l'ajout d'oxyde de plomb à la glaçure siliceuse, la rendant plus fusible et toujours transparente. Un émail blanc opaque formé en utilisant de l'oxyde d'étain avec la glaçure vitreuse est appelé émail stannifère ou étain. Ces différents procédés de recouvrement du corps poreux de la faïence ont largement influencé les décors et le schéma de coloration .

La belle faïence de Damas et de Rhodes est recouverte d'engobe ou de glaçure siliceuse, les couleurs étant de riches bleus produits par le cobalt, le turquoise et le vert, le cobalt et le cuivre, et le violet par l'emploi du manganèse ; puis recouvert d'un vernis alcalin.

Dans la vaisselle rhodienne, la même palette de couleurs prévaut, sauf que le pourpre est remplacé par un rouge fin, opaque et de grand corps, appelé rouge rhodien, produit à partir du fût arménien. Sur la majolique italienne, avec son émail d'étain et son glaçage plombeux, on trouve du bleu fin, du turquoise et du vert, mais le rouge est de très mauvaise couleur et est généralement remplacé par le jaune riche de l'antimoine et l'orange du fer. Cet émail d'étain blanc a sans doute été introduit en Europe par les Maures, puisque certains carreaux de l'Alhambra datent de 1273-1302.

Un grand nombre de bols et de plats, appelés Samian Ware, d'importation romaine, ont été trouvés en Angleterre. La pâte est généralement d'une fine cire à cacheter rouge, avec un bon vernis. Ces bols sont enrichis d'une série de bandes horizontales, contenant le feston, le rouleau, des oiseaux, des animaux et des personnages. Les bandes ou frises sont souvent divisées par la traditionnelle moulure en forme d'œuf et de langue (fig. 1). Des moules en argile , imprimés de tampons, étaient réalisés puis cuits. La pâte rouge ayant été pressée dans le moule , l'intérieur était tourné en douceur au tour. Un moule de ce type a été trouvé à York en 1874, il est donc possible qu'une partie de ces objets ait été fabriquée en Angleterre par des potiers romains. Des poteries romaines ont également été trouvées à Castor, près de Peterborough, sans doute fabriquées à l'ancien endroit, des fours à cuisson ayant été trouvés sur le même site. Ces articles Castor sont généralement bruns, avec une glaçure noire, ornés de marques d'outils en retrait et de motifs en relief de pâte à pipe (fig. 3). De nombreux plats et vases romains de couleur gris foncé , ornés de lignes incisées et de bosses d'argile en relief, ont été découverts dans les marais d'Upchurch dans le Kent. On connaît cependant peu de poteries artistiques de la période médiévale . Au début du XIIIe siècle, de magnifiques carreaux à l'encaustique étaient fabriqués pour les grands monastères, abbayes et cathédrales.

Vers 1500, la production de carreaux fut introduite en Hollande, des quantités de petits carreaux bleus et blancs décorés de sujets scripturaires étant fabriqués à Delft, puis exportés en Angleterre pour le revêtement des cheminées, etc. De beaux carreaux peints ou « Azulejos » ont été fabriqués à Valence vers le XVIIe siècle.

Au XVIe siècle, la porcelaine de Chine fut introduite en Europe par les commerçants hollandais et portugais, et une grande partie des articles de Delft et de Rouen produits par la suite imitaient cette porcelaine orientale. La vaisselle « Delft », qui tire son nom de la petite ville de ce nom en Hollande, datant de 1500 après J.-C., est une céramique recouverte d'émail stannifère, décorée au pinceau plein et liquide sur le fond d'émail absorbant, puis émaillée avec un enduit plombifère. glaçage. Certains de ces articles de Delft sont de très belle qualité, les bleus de cobalt sous la glaçure étant remarquablement doux et riches en couleurs . Les premiers exemplaires étaient décorés de sujets historiques, contenant souvent de nombreux personnages, la période médiane étant remarquable par son imitation de la porcelaine chinoise et l'application d' émaux colorés sur des fonds colorés . De grandes quantités de ce type d'objets furent fabriquées jusqu'en 1760 et exportées dans toutes les régions d'Europe. La production d'articles de Delft a été introduite pour la première fois en Angleterre à Lambeth par des potiers hollandais en 1676, puis étendue à Fulham, Bristol et Liverpool.

L'usage de l'émail stannifère a été introduit en France par Girolamo della Robbia , fils d'Andrea della Robbia , sous le règne de François Ier, 1516, et des objets émaillés semblables aux productions ultérieures d'Urbino furent fabriqués à Nevers, où fut également produite une porcelaine fine décorée de *motifs persans* en jaune et bleu. A Rouen également, on fabriquait une faïence fine recouverte d'émail à l'étain, les décors étant constitués par des motifs de lambrequins ou de coquilles Saint-Jacques, disposés symétriquement et convergeant vers le centre de l'assiette ou du plat. L'ornement était basé sur des exemples chinois, influencés par les tissus français contemporains. Les décorations étaient généralement en bleu et avec une peinture sur glaçure, c'est-à-dire après la cuisson de l'émail blanc, des détails plus fins et plus délicats étant obtenus par ce procédé, mais au prix de la pureté et de la douceur liquide de la couleur si caractéristiques de Delft et Peinture orientale sous glaçure.

Dans la céramique de Rouen, le fond est généralement blanc, mais quelques beaux exemples à South Kensington ont un fond jaune tendre, un riche jaune indien étant parfois introduit avec la décoration bleue. C'est sous la direction de Louis Poterat , 1673, que fut perfectionnée cette plus belle faïence.

Bernard Palissy, 1510-90, par des expériences répétées, découvrit l'émail stannifère ou étain. Ses premières productions étaient des articles en Jasper, aux couleurs chaudes et brillantes et richement émaillés . Dans la seconde période, les plats rustiques richement décorés de poissons, de reptiles et de plantes ou feuillages naturels soigneusement modelés, recouverts d'un émail d'un grand éclat et d'une grande pureté, constituaient les principales productions. La poterie ultérieure de Palissy se composait de salières, d'encriers, d'aiguières, etc., dont les décorations élaborées de figures furent probablement exécutées par un artiste contemporain.

Henri-Deux ou Saint- Porchard , aujourd'hui mieux décrites sous le nom de faïences d'Oiron , sont originaires de Saint- Porchard en 1524, peut-être à la main, certainement sous le patronage d'Hélène de Hangest , veuve d'A. Gouffier , ancien gouverneur sous François. I. Cette faïence d'Oiron , de couleur paille pâle , est enrichie d'incrustations de pâtes colorées jaune, bleue, verte et brune , l'ornementation d'entrelacs et d'arabesques réalisée sous la direction de Jehan . Bernart et François Charpentier, étant de type similaire à la reliure contemporaine de Grolier et probablement exécutée avec des outils similaires.

De nombreux premiers exemples d'objets en engobe du Staffordshire se trouvent en Angleterre, composés principalement de chandeliers, de tasses, de tygs, de pots à posset, de piggins et d'assiettes, les décorations en engobe étant en jaune, blanc et marron. Ces articles ont été fabriqués à Wrotham dès 1649 et par Thomas Toft, à Shilton, en 1660 (fig. 9). Les articles marbrés, peignés et en écaille de tortue étaient façonnés à l'aide de barbotines colorées ou d'argiles. Les objets en agate et en onyx étaient formés de couches d'argiles de différentes couleurs , croisées, coupées et pressées dans des moules . Ces méthodes ont été perfectionnées par Thomas Wheildon , 1740-98, et Josiah Wedgwood, 1730-95, qui ont perfectionné à la fois la vaisselle Queen's et la vaisselle panachée. Les ustensiles de la reine de couleur crème étaient principalement destinés aux services de dîner et de dessert, et étaient décorés de fleurs peintes en émail.

En 1781, Wedgwood a présenté ses célèbres articles Jasper, et Jasper a trempé ou lavé Jasper. Ces derniers articles étaient plongés dans des mélanges d'oxydes métalliques, produisant des couleurs bleues, lilas, roses, vert sauge, olive, jaune et noire selon les souhaits. Les décors en bas-relief, sont du blanc le plus pur (fig. 10) et dans le style classique traditionnel, les figures étant disposées en camée médaillons, ou en bandes avec le rouleau, le feston et la vigne en délicat relief. Beaucoup de ces magnifiques camées ont été conçus ou modélisés par Flaxman, 1755-1826 ; Pacetti et Angelini, 1787 ; Bacon, 1740-99 ; Hackwood , 1770 ; Roubiliac , 1695-1762 ; Stothard , 1755-1834 ; Tassié , 1735-99 ; et Webber, 1782.

Les articles en pierre diffèrent des faïences , en raison de la présence d'un plus grand pourcentage de silice dans la matière plastique, qui, cuite à un degré de chaleur plus élevé, vitrifie la pâte ou la pâte en une sorte de verre, assurant ainsi une étanchéité et une dureté. de matériaux que ne possède pas la faïence ordinaire. Le grès est généralement émaillé pendant la cuisson en jetant du sel commun dans le four, qui, volatilisé, réagit sur la silice du corps, formant avec elle un silicate de soude ou de verre, ayant une texture granuleuse infime. L'utilité et le caractère artistique du grès ont été perfectionnés par les potiers flamands et allemands du XVIe siècle.

Les principales variétés de cette faïence sont la « Canette » grise et blanche de Siegburg , près de Bonn, et la faïence brun pâle ou grise de Raeren , près d'Aix-la-Chapelle, avec ses enrichissements incisés et estampés, parfois à décor bleu. Frechen , près de Cologne, fournissait probablement les « Bellarmines » ou « Barbes grises », largement importées en Angleterre sous le nom de « Pots de Cologne ». Les exemples de ces articles Frechen étaient fréquemment ornés d'un rouleau en relief de feuilles de chêne. Grenzhausen , à Nassau, produisait une belle céramique grise, aux reliefs délicatement moulés et remplis de bleu et de violet. De nombreuses cruches grises, ornées des initiales de Guillaume III, de la reine Anne et de George Ier, furent importées en Angleterre des fours de Nassau.

Un type particulier de grès, également appelé « articles de Cologne », a été produit à Fulham par John Dwight, vers 1670. De belles cruches et quelques statuettes non émaillées intelligemment modelées, qui auraient été fabriquées à cet endroit, se trouvent dans les collections britanniques. Musée (fig. 11).

Un autre grès rouge particulier, la porcelaine, ou Chine rouge comme on l'appelait, a été fabriqué près de Burslem par les frères Elers , 1688-1710, l'ornementation étant obtenue en pressant des moules en cuivre taille-douce pointus sur des morceaux d'argile attachés aux articles façonnés. De beaux exemples, caractérisés par la beauté des contours et la délicatesse des enrichissements, sont exposés au Musée de Géologie, Jermyn Street. Astbury, 1710-39, a poursuivi les traditions d' Elers , produisant un grès blanc fin, qui a largement influencé la poterie du Staffordshire de cette période. Un grès a également été fabriqué à Nottingham de 1700 à 1750.

La porcelaine est techniquement connue sous les termes de « pâte dure » et de « pâte tendre » . La porcelaine dure est fabriquée à partir d'argiles contenant beaucoup d'alumine et de feldspath ou de granit décomposé, ayant peu de plasticité, ce qui influençait nécessairement la forme ou le profil du récipient. La beauté des formes, si typique du vase en faïence grecque, est absente de la porcelaine, où la forme cylindrique ou octogonale est principalement utilisée. La « Pâte tendre » est une porcelaine tendre et vitreuse, ayant une grande affinité pour les belles glaçures et émaux colorés utilisés dans les premiers exemples de Sèvres .

La porcelaine était connue en Chine vers 200 avant JC et était d'usage courant au XVIe siècle. Durant la dynastie Ming, 1568-1640, la porcelaine atteint son plus haut développement dans la perfection de son corps, de son ornementation, de sa couleur et de ses émaux, le bleu et le turquoise étant les couleurs principales de cette période ; cette gamme limitée de couleurs était due à la chaleur intense nécessaire pour faire fondre la glaçure felspathique sur la porcelaine dure.

On ne sait pas exactement à quelle date la porcelaine chinoise a été introduite en Europe. Parmi les premières pièces connues en Angleterre figurent quelques bols offerts par Philippe d'Autriche à Sir Thomas Trenchard en 1506. Mais quelle que soit la date, il était inévitable que des tentatives soient faites pour imiter cette belle céramique. La porcelaine florentine ou médicienne a été fabriquée entre 1575 et 1580. Ce n'est cependant qu'en 1690 ou 1700 qu'une manufacture similaire fut établie à Rouen et à Saint-Cloud. En 1709, Bottcher commença à fabriquer de la porcelaine dure à Meissen, en Saxe, produisant par la suite quelques excellents exemplaires vers 1715. Ce fut le début de la célèbre porcelaine de Dresde . En 1768, la fabrication de la porcelaine dure est adoptée à Sèvres , remplaçant celle de la « pâte tendre » en usage à partir de 1670. La « pâte dure » et la « pâte tendre » sont fabriquées à Buen. Retiro à Madrid, 1759 après JC, toute la porcelaine fabriquée pendant les 20 premières années étant réservée à l'usage exclusif de la famille royale. Il y a des Buen finement modélisés Carreaux du Retiro dans le Palais Royal de Madrid.

Vers 1740, la manufacture de porcelaine fut établie à Bow, Chelsea, Derby, Plymouth, Bristol et Worcester. Les formes et l'ornementation de ces porcelaines anglaises, n'ayant aucune tradition au-delà de l'influence orientale, étaient d'un ordre artistique inférieur, n'étant que de simples copies de formes naturelles, sans aucune influence déterminante en matière de dessin ou d'arrangements harmonieux. L'usage abondant de la dorure est également caractéristique de cette période, l'ornement étant très largement mal appliqué. Cette situation a continué à s'aggraver jusqu'au milieu du siècle dernier, lorsqu'elle a atteint son point culminant d'absurdité et d'extravagance de forme et de décoration. Les meilleurs exemples de porcelaine anglaise de cette période sont évidemment des copies de porcelaines orientales, principalement persanes et chinoises. Un grand progrès dans la technique de la porcelaine produite dans ce pays a eu lieu après la découverte du Kaolin, en Cornouailles, par William Cookworthy , 1755.

L'impression par transfert sur glaçure a été adoptée à Worcester vers 1757, les transferts étant tirés de plaques de cuivre gravées par Robert Hancock, un élève de Ravenet , qui était employé aux usines d'émail de Battersea, vers 1750. Sadler et Green en 1756 ont également adopté l'impression sur glaçure.

impression sur le Delft de Liverpool. Vers 1770, l'impression sous glaçure sur les biscuits a remplacé le processus de surglaçage.

Parmi les premières porcelaines anglaises, celles de Derby sont peut-être les plus raffinées dans la forme et dans le traitement de la décoration, les assiettes, tasses et soucoupes ayant des bordures bleues ou turquoise, avec des enrichissements de festons, de feuilles et de fleurs ; de nombreuses tasses étaient pressées avec des motifs cannelés, nervurés ou imbriqués. Les usines de Derby ont été fondées en 1757 par William Duesbury , qui en 1769 acheta les usines de Chelsea et exploita les deux simultanément jusqu'en 1784, date à laquelle l'usine de Chelsea fut transférée à Derby. De 1769 à 1773, les articles appelés « Chelsea-Derby » ont été produits, et entre 1773 et 1782, « Crown-Derby » a été introduit.

Une porcelaine d'excellente qualité a été fabriquée à Nantgario vers 1813 et à Swansea entre 1814 et 1817, les décorations en couleurs d'émail consistant en un rendu naturel de fleurs, d'oiseaux, de papillons et de coquillages.

La porcelaine était également fabriquée vers 1800 dans les poteries d'Herculanum à Liverpool. Rockingham, dans le Yorkshire, produisit dans les années 1759-88 une porcelaine brune , qui n'était cependant qu'une faïence fine, d'un corps dur et compact, recouverte d'un riche glaçage brun ou chocolat. En 1820, la porcelaine était fabriquée à Rockingham, comprenant des services de dîner et de dessert, richement émaillés et dorés, ainsi que des vases, des paniers de fleurs et des bustes en biscuit blanc. En 1832, un service à dessert de 200 pièces est réalisé pour Guillaume IV. au prix de 5 000 £, les décorations composées de fruits et de fleurs naturels, avec des paysages et les armes royales aux couleurs de l'émail .

Dans certains des premiers articles de Rockingham, les contours des fleurs et des papillons étaient imprimés par transfert et la coloration était ajoutée à la main.

Les illustrations données sur les planches 21 , 27 , 28 et 29 montrent l'universalité de l'art du potier, qui peut être retracée à travers de nombreux beaux exemples différenciés par les coutumes raciales et les matériaux.

La beauté des formes du vase grec (planche 27) n'était que le résultat naturel d'une faïence fine entre les mains d'un peuple artistique, aux traditions et à l'architecture du plus haut niveau. Dans la poterie persane, la forme est soumise à la couleur , le bleu, le turquoise et le blanc étant utilisés dans une combinaison charmante, ainsi qu'un traitement franc mais décoratif des formes naturelles.

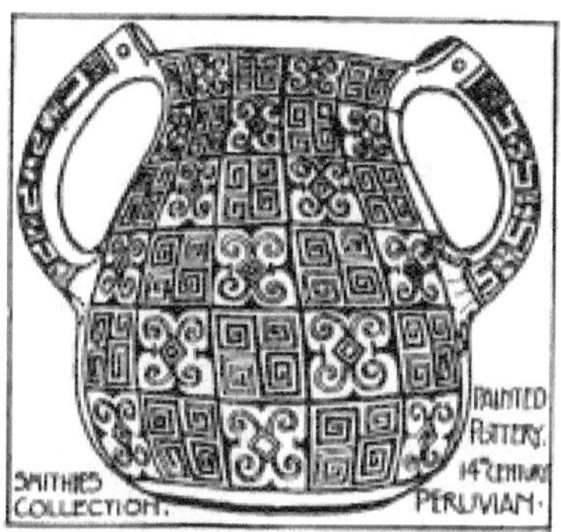

Les majoliques hispano-mauresques et italiennes (planche 29) sont remarquables par l'excellence technique de leur émail blanc, riche en bleu, jaune et orange, l'irisation de leur éclat or et rubis , et leur haute technicité en peinture.

La faïence anglaise des XVIIe et XVIIIe siècles, bien que traditionnelle, présente une remarquable diversité de traitement et de conception. Le plateau pittoresque de l'école de Toft, avec son enrichissement pittoresque de lignes traînantes et de formes héraldiques en engobe coloré , le grès rouge fin d' Elers , avec ses enrichissements gracieux en relief délicat, et les objets en jaspe variés et magnifiques de Wedgwood marquent une phase distincte. de l'art potier, et rendent hommage à la vitalité et à la personnalité des fondateurs des « *Poteries* ».

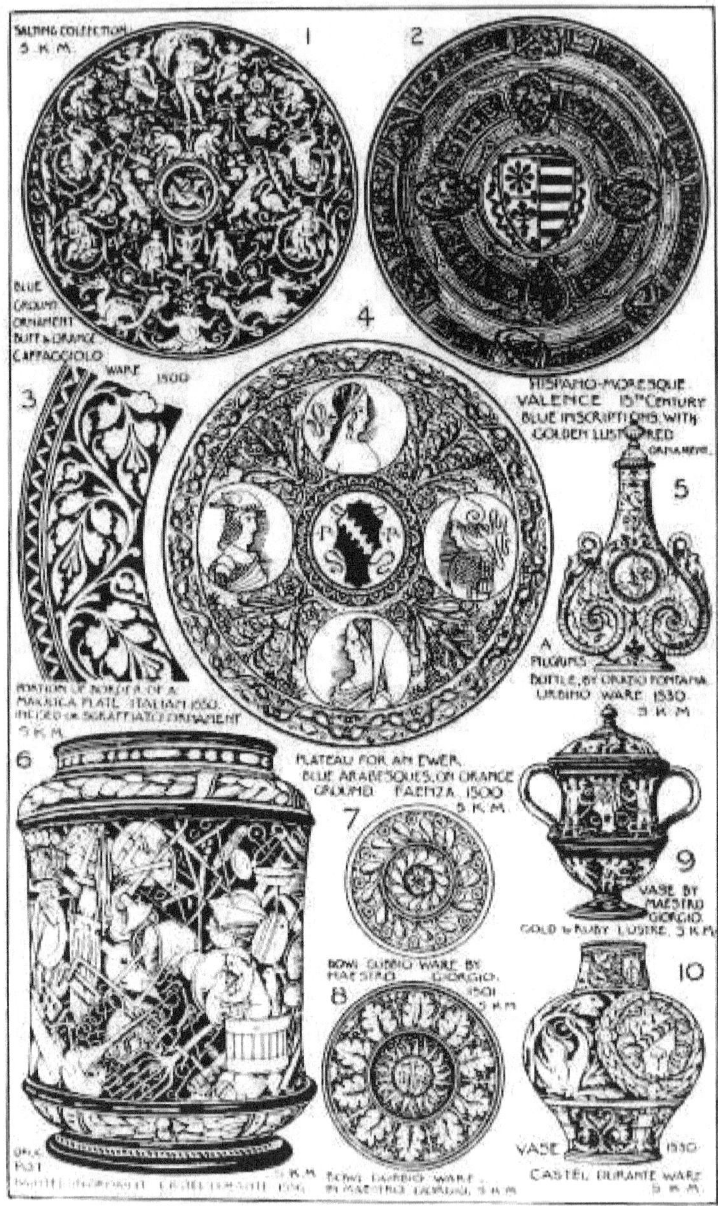

MAÏOLIQUE.

La majolique ou faïence italienne est une faïence recouverte d'un vernis stannifère ou étain, appelé émail. Celui-ci est formé par l'ajout d'oxyde d'étain à une glaçure ou une barbotine siliceuse, la rendant ainsi blanche et opaque, d'où son nom d'émail.

L'origine de ce bel art de la céramique remonte à la Perse. De Perse, l'art a été transporté par les Arabes à Fustat , ou le vieux Caire, qui a été détruit en 1168 après JC, et parmi les ruines de nombreux fragments d'or et de cuivre lustré ont été trouvés. Cette céramique émaillée fut introduite en Espagne au XIIIe siècle, et y fut perfectionnée par les Maures, donnant naissance à la céramique HISPANO-MAURESQUE . Cette faïence était enrichie d'armes héraldiques centrales, entourées de bandes concentriques de feuillages, d'arabesques ou d'inscriptions en bleu, à éclat de cuivre . Ces objets hispano-mauresques étaient fabriqués principalement à Malaga, Talavera, Triana et Valence et datent de l'occupation maure de Grenade entre 1235 et 1492 après JC.

Dans l'île de Majorque, d'où cette belle céramique tire son nom, de beaux exemples ont été fabriqués très tôt par des potiers persans et arabes. Après la conquête de Majorque par les Pisans, en 1115 après J.-C., bon nombre de ces exemples furent introduits en Italie, l'art étant ensuite cultivé dans certains des plus petits États centraux. La première MAJOLIQUE ITALIENNE était généralement recouverte d'une fine « barbotine » blanche ou engobe d'argile qui servait de support aux motifs colorés . Il était ensuite recouvert d'une glaçure au plomb et était connu sous le nom de mezza ou majolique mixte. Dans certains exemples, le dessin était rayé ou gravé à travers la couche supérieure ou l'engobe blanc, montrant le corps plus foncé en dessous. Ce type d'objet, connu sous le nom de « sgraffite », était également émaillé avec la glaçure au plomb, formant, une fois cuit, un bel éclat irisé .

Aucun reste d'émail à l'étain de fabrication italienne n'a été trouvé en Italie avant l'époque de Luca della. Robbia , 1400-1481, qui découvrit un émail d'une blancheur et d'une excellence particulières. Le secret de sa composition fut gardé par lui, son neveu Andrea et ses petits-neveux Giovanni, Luca et Girolamo, jusqu'en 1507. La Mezza Maiolica fut alors remplacée par la véritable Maiolica ou les objets émaillés en étain de Caffaggiolo , Castel Uurante , Urbino. , Pesaro, Faenza, Forli, Diruta , Sienne et Gubbio, avec leur remarquable éclat de bleus, verts, jaunes et oranges. Les articles Gubbio sont connus pour leur rubis métallique et leur éclat doré et ont été signés par Maestro Georgio (Georgio Andréoli , 1492-1537). Le même artiste a également lustré de nombreuses pièces fabriquées par les potiers d'Urbino et de Castel Durante. D'autres exemples d'objets d'Urbino sont signés par

Niccola da Urbino, 1490-1530, Orazio Fontano , 1540-70, Francesco Xanto Avelli , 1530-40. Les articles Faenza ont été produits à la Casa Pirota Botega et Siena Ware ont été signés par Maestro Benedetto.

Les principales caractéristiques des articles de Caffaggiolo sont des arabesques et des figures blanches, grises ou jaunes sur un riche fond bleu foncé. Urbino possède de petits médaillons avec des figures et des arabesques bleues et jaunes sur fond blanc, appelés Raffaelesque , d'après des dessins de Raffaelle del Colle. Faenza a un fond jaune avec des arabesques bleues.

En bref, le nombre de couleurs pouvant être utilisées sur le fond absorbant en émail d'étain avec sa glaçure au plomb était quelque peu limité, composé de bleu, turquoise, jaune et orange. Ces couleurs sont d'une grande profondeur et translucidité et n'ont d'égal que les bleus et le turquoise de la Chine, de la Perse et de l'Inde.

Les articles de Gubbio sont fréquemment enrichis de cannelures incurvées surélevées appelées « *gadrons* », une méthode des plus efficaces pour rehausser le magnifique éclat rubis du Maestro Giorgio. Cette tradition de Gubbio a été poursuivie par le fils de Giorgio, Vincentio , appelé Maestro Cencio , et de nombreuses belles œuvres en lustre sont signées par lui.

Cet éclat était obtenu en exposant les articles à l'action de la fumée lors de la cuisson dans le four ; la fumée, étant du carbone dans un état hautement divisé, réduit les sels métalliques du pigment ou de la glaçure, formant un mince film de métal sur la surface, le bel éclat irisé résultant de l'épaisseur relative du film.

Castel Durante était fréquemment enrichi, sur des bordures blanches ou grises, de délicats volutes en relief en barbotine ou en émail blanc, procédé appelé « *Lavoro di sopra bianco* » ou « *bianco sopra bianco* ».

Faenza Maiolica a souvent toute la surface du sol recouverte d'un émail bleu foncé, enrichi d' amorini dansants et d'arabesques bleues, rehaussées de « *Sopra Azzurro* » blanc.

Une forme fréquente d'enrichissement des assiettes consistait à faire peindre de petits médaillons avec des portraits et des inscriptions appropriées, et sans doute destinés à servir de cadeaux d'amoureux. Ils sont connus sous le nom de « *Amatorii Maiolica* ».

TERRE
CUITE.

La terre cuite est généralement fabriquée à partir d'argile pure, qui brûle jusqu'à une couleur blanche ou jaune , ou d'argile impure, qui brûle jusqu'à une couleur rouge , en raison de la présence d'oxyde de fer. L'argile pure est un silicate d'alumine hydraté, contenant 47 parties pour cent. de silice, 40 d'alumine et 13 d'eau. L'argile, dans cette proportion, est le Kaoline ou kaolin . L'argile réfractaire, que l'on trouve dans les mesures de charbon, contient une plus grande proportion de silice que le Kaoline , et c'est à partir de là qu'est fabriquée une grande partie de la terre cuite. Lorsqu'on le déterre pour la première fois, il est dur et compact, et d'une couleur gris verdâtre , allant jusqu'au noir. Il est souvent patiné avant utilisation. Cela le fait « tomber » et facilite le broyage. De l'argile réfractaire ancienne, préalablement brûlée (« grog » comme on l'appelle) est ajoutée à l'argile nouvelle pour contrecarrer le retrait excessif auquel sont sujettes toutes les argiles à grains serrés. Plus l'argile est grossière , moins le retrait est important. La couleur de l'argile varie selon la quantité de chaux, de fer ou de bitume qu'elle contient. L'argile pure se contracte jusqu'à un huitième de la dimension du moule ; une moitié de cette contraction a lieu lors du séchage, l'autre moitié lors du brûlage. L'argile mélangée au « grog » se contractera d'environ un douzième.

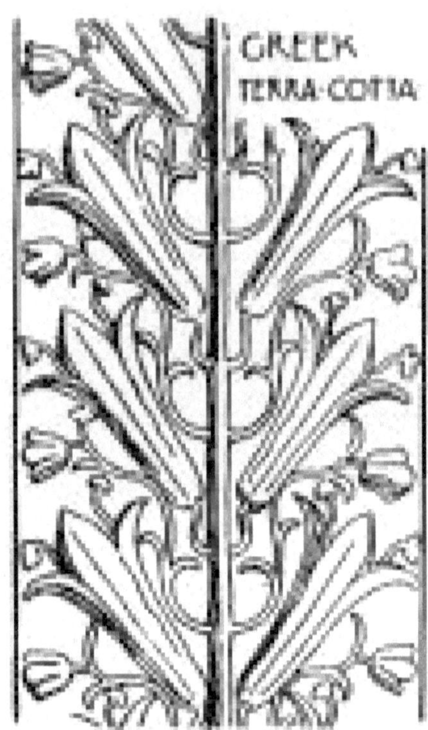

Les moules pour terre cuite sont généralement des moules en pièces , fabriqués en plâtre de Paris, qui absorbe une grande partie de l'humidité de l'argile. De l'argile en feuille d'environ deux pouces d'épaisseur est utilisée. Celui-ci est soigneusement pressé dans le moule et soutenu par des bandes d'argile de même épaisseur. Il est essentiel que l'argile soit uniforme partout, sinon le retrait serait inégal. Elle est ensuite placée sur un conduit pour sécher pendant deux à six heures, lorsque l'argile se sera suffisamment contractée pour permettre le démoulage . Il est ensuite séché pendant une période supplémentaire et brûlé dans un four. Pour les travaux de précision, le four est « étouffé », le « moufle » étant un revêtement de briques pour empêcher l'argile d'entrer en contact avec le feu et la fumée. Le procédé sec, ou semi-sec, consiste à presser de la poudre d'argile dans des moules métalliques , ce qui évite le retrait excessif du procédé humide. Les carreaux d'encaustique sont réalisés de cette manière, l'ornement étant coulé dans le motif incisé avec « glissement ». De nombreux carreaux sont décorés de la même manière que la faïence ordinaire, c'est-à-dire peints et vernissés.

La terre cuite était largement utilisée par les nations de l'Antiquité, notamment par les Assyriens, dont les tablettes ou les livres d'argile éclairent tant l'histoire assyrienne. Avec les Grecs, la terre cuite était largement utilisée pour « antefixa », et les nombreuses belles figures de Tanagra aujourd'hui conservées dans nos musées montrent le modelage exquis des Grecs, dans un matériau tel que la terre cuite.

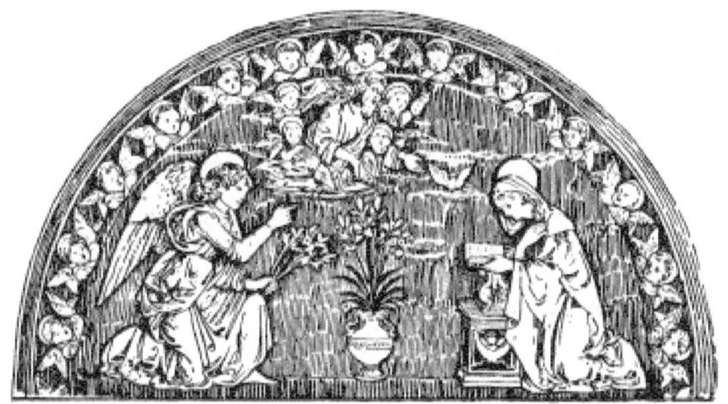

TERRE CUITE PAR ANDREA DELLA ROBBIA.

Ce matériau était utilisé par les Étrusques pour leurs sarcophages et leurs gisants. Les Pompéiens couvraient leurs toits en terre cuite. Il était utilisé pour les statues et offrandes votives, ainsi que pour les lampes, dont certaines étaient trempées dans du verre en fusion.

Lors du renouveau de l'art en Italie aux XVe et XVIe siècles, la terre cuite était largement utilisée par la famille Della Robbia . LUCA DELLA ROBBIA , 1400-82, a produit de nombreux beaux reliefs en terre cuite recouverts d'émail blanc d'étain et enrichis d' émaux colorés . Parmi ses nombreuses œuvres figurent les suivantes : — La *Cantoria en marbre* de la cathédrale ; cinq bas-reliefs en marbre sur le Campanile de Florence ; ses deux premiers reliefs en terre cuite dans les tympans du portail et les portes de la sacristie de la cathédrale de Florence (1443-46) ; avec les deux anges agenouillés tenant des candélabres ; le splendide monument à L'Evêque Federighi (1455) avec son beau gisant, dans l'église de S. Trinità , Florence ; et les nombreux médaillons raffinés enrichis de formes héraldiques exécutés pour l'église d'Or San Michele et le palais Quarateri de Florence. De beaux exemples sont les médaillons aux armes du roi René D'Anjou , maintenant au musée de South Kensington .

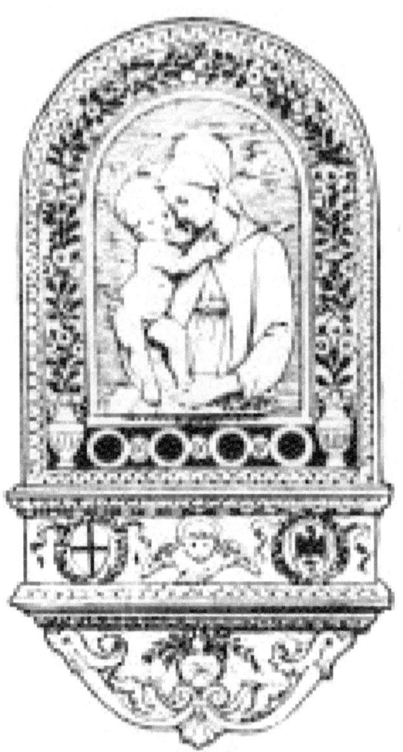

TERRE CUITE ÉMAILLÉE ANDREA DELLA ROBBIA.

À Santa Croce à Florence, il y a une série de médaillons des quatre évangélistes et des douze apôtres, et au musée de South Kensington, il y a douze médaillons représentant les mois. De nombreux exemples splendides de Luca della Les œuvres de Robbia sont désormais précieusement conservées dans les musées nationaux.

Andrea della Robbia (1435-1525), le neveu de Luca, a perpétué les traditions avec une rare puissance de sélection et une compétence artistique ; parmi ses premières œuvres figurent les médaillons de L'Hospital des Innocents, ou Hôpital des Enfants. L'Adoration et l'Annonciation étaient des sujets familiers pour Andrea, les illustrations données de l'Annonciation à l'hôpital des enfants et de la Vierge à l'enfant au musée national de Florence étant des exemples typiques de son travail. Il y a une splendide « Adoration » d'Andrea au musée de South Kensington .

Giovanni della Robbia (1469-1527), fils d'Andrea, continua cette splendide tradition : ses œuvres principales étant le Lavabo de S. Maria Novella, le tabernacle de S. Apôtres et la vierge et les saints de Santa Croce, tous à Florence. Il reste encore de nombreuses autres belles œuvres qui témoignent des remarquables traditions artisanales de la famille Della Robbia .

Girolamo, frère de Giovanni, a porté cette tradition en France sous François Ier.

ÉMAUX.

Parmi les nombreux arts décoratifs, l'émaillage est l'un des plus beaux, possédant un charme singulier de couleur limpide ou opalescente d'une grande pureté, richesse et durabilité, et étant capable d'un traitement des plus raffinés et variés pour l'enrichissement des métaux.

L'émail est un composé vitreux ou vitreux, translucide, semi-translucide ou opaque, qui doit ses propriétés colorantes à des oxydes minéraux, ou sulfures , un fin blanc opaque étant produit par l'oxyde d'étain. Ces émaux nécessitent différents degrés de chaleur pour les fondre et provoquer leur adhésion au métal. Les émaux sont divisés en trois classes, les émaux CLOISONNÉS , CHAMPLEVÉS et PEINTS .

CLOISONNÉ est celui dans lequel les cloisons ou cellules sont formées en soudant un fil de métal mince et plat sur une plaque de cuivre, les cloisons étant remplies des différents émaux, en poudre ou en pâte, puis, afin de vitrifier l'émail. , exposé à la chaleur dans un four, si sur une surface plane, ou à l'aide d'un chalumeau si sur une surface courbe.

Le cloisonné était utilisé dès les premières dynasties égyptiennes, de nombreux et grands pectoraux ayant été trouvés dans les tombes. Ceux-ci ont généralement la forme d'un faucon et sont en or ou en bronze avec des cloisons bien définies, qui étaient remplies de pâte colorée ou de verre soigneusement ajustées , et c'est sans doute l'origine de l'émail cloisonné véritable ou vitreux. L'émail byzantin est invariablement cloisonné et l'un des plus beaux exemples de cette période est la Pala d'Oro de Saint-Marc à Venise, en 976 après JC. Peut-être que les Chinois et les Japonais ont porté ce cloisonné à sa plus grande perfection de douceur de couleur et de beauté. de technique. Le cloisonné chinois le plus ancien date de la dynastie Ming, 1368-1643 ; il a des fonds en métal moulé lourd avec des couleurs basses et des rouges et des bleus profonds. Sous la dynastie Thsing , qui débuta en 1643, les couleurs devinrent plus vives et les dessins plus raffinés.

Le cloisonné japonais ancien ou « Shippo » est sans aucun doute dérivé de sources chinoises ou persanes, et il se caractérise par des fonds de cuivre battu extrêmement fins et l'utilisation fréquente d'un fond vert foncé à la place du bleu foncé du cloisonné chinois.

Le cloisonné japonais a atteint son apogée au cours du siècle dernier, lorsque de nombreux exemples splendides d'émaux raffinés et délicats ont été produits, remarquables par leur belle couleur opalescente et translucide . Des cloisons d'or aux émaux opaques et translucides étaient fréquemment insérées dans des objets en fer ou en argent par les Japonais de cette période.

Un des premiers exemples de cloisonné anglais est le joyau du roi Alfred, aujourd'hui conservé à l'Ashmolean Museum d'Oxford : il présente un riche sertissage d' émaux opaques et translucides. Un beau traitement cloisonné celtique peut être observé dans le calice d'Ardage , où les cloisons étaient découpées dans une plaque d'argent et incrustées dans l'émail alors qu'elles étaient douces. Ces artisans celtiques possédaient également un beau traitement d' émaillage en gravant ou en pressant un motif en taille-douce, ou relief enfoncé, sur un fond émaillé , puis en remplissant ces intailles avec d'autres émaux.

Les Byzantins utilisaient une espèce d'émail très exquise appelée « *Plique à Jour* » ; celui-ci était composé de cloisons ouvertes en filigrane, remplies d'émaux translucides.

CHAMPLEVÉ est formé en gravant, en coulant ou en creusant les cloisons d'une plaque de métal, laissant une fine paroi ou limite entre chaque cloison, qui est ensuite remplie des différents émaux comme dans la méthode cloisonnée. Cette méthode Champlevé était pratiquée en Grande-Bretagne avant la conquête romaine et était probablement dérivée des Phéniciens qui, des siècles avant l'arrivée des Romains en Angleterre, avaient fait du commerce de l'étain avec les Cornouailles. La beauté de la couleur et la parfaite adaptabilité de ces premières broches émaillées , fibules et ornements de chevaux des premiers Britanniques et Celtes, sont remarquables, montrant un sens fin de la couleur et une harmonie de ligne et de masse. Un splendide bouclier celtique en bronze (fig. 4, planche 13), aujourd'hui conservé au British Museum, est enrichi de fines bosses rouges d'émail. Ces émaux champlevés sur bronze ont généralement un aspect opalescent ou trouble provoqué par la fusion de l'étain dans l'alliage de bronze lors de la cuisson. Les émaux champlevés étaient utilisés avec une habileté et un raffinement rares pour mettre en valeur le bel art de l'orfèvrerie au Moyen Âge ; le calice, la patène, le reliquaire, le thuya, la crosse et les couvertures des églises surtout étaient enrichis de beaux émaux. Parmi les émaux Champlevé est classée la méthode dite de L'ÉMAIL DE BIJOUTIER ou « *Baisse Taille* », selon laquelle la plaque est gravée en bas-relief ou battue au repoussé puis inondée d'émail translucide. La coupe Lynn de l'époque de Richard II. est l'une des plus anciennes pièces d'assiette de société et est recouverte de fins émaux translucides bleus et verts.

En Inde, où la couleur fine est une tradition splendide, l'émail Champlevé atteint bientôt une perfection remarquable de technique, de pureté et d'éclat de couleur presque inconnue des nations occidentales. Les émaux Champlevé de JAIPUR ont les plus beaux bleus, verts et rouges brillants et transparents posés sur un fond d'or pur. PERTUBGHUR est réputé pour son fin émail vert ou turquoise cuit sur une plaque d'or ; alors que l'émail était encore mou, une plaque d'or percée était pressée dans l'émail. Cette plaque percée fut ensuite gravée d'incidents de l'histoire ou de la chasse. A RATAIN , en Inde centrale, on fabrique un émail similaire ayant un bleu fin à la place du vert Pertubghur .

Les beaux laitons monumentaux, dont beaucoup subsistent encore dans nos cathédrales et églises anglaises, sont une survivance du procédé Champlevé, les cloisons étant généralement remplies d'un NIELLO NOIR , mais parfois les boucliers héraldiques sont enrichis d' émaux colorés . Aux XIe et XIIe siècles, LIMOGES était réputée pour ses fins émaux Champlevé, mais au début du XVe siècle , LES ÉMAUX PEINTS furent introduits et Limoges devint le centre de cet art, appelé Limoges tardif ou ÉMAIL GRISAILLE .

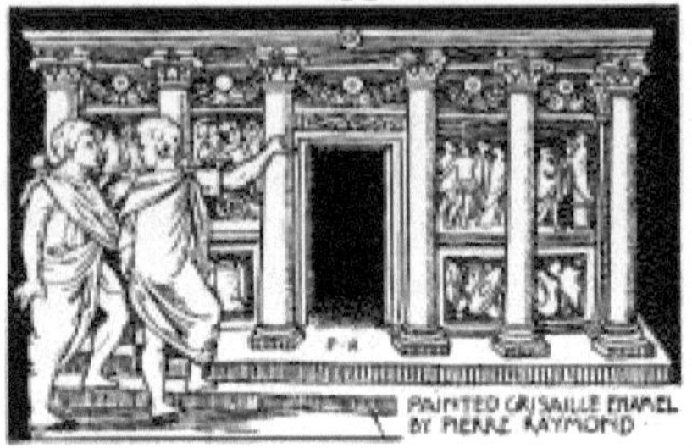

Les couleurs de l'émail étaient désormais utilisées comme pigment et étaient peintes et cuites sur une plaque de cuivre. Les enrichissements en grisaille, ou gris et blanc, étaient utilisés sur un fond noir, violet ou bleu foncé, la grisaille étant ensuite enrichie de détails de fines lignes dorées. Ces émaux de Limoges sont d'une technique splendide, mais il leur manque les charmes de la couleur lumineuse et l'utilisation judicieuse des émaux du début de la période Champlevé. Les maîtres les plus renommés des émaux peints de Limoges furent Pénicand , 1503, Courtois, 1510, Pierre Raymond, 1530-1570, et Léonard Limousin , 1532-1574. Vers 1600-1650, Jean Toutin et son élève Petitot réalisent de belles miniatures peintes en émaux opaques sur or, remarquables par la finesse et la perfection de l'émaillage . En 1750, l'émail peint fut introduit en Angleterre et produit pendant environ 30 ans à Battersea par Janssen. L'enrichissement consistait en des fleurs peintes de couleurs naturelles sur un fond blanc. Un émail similaire a également été produit à Bilston dans le Staffordshire.

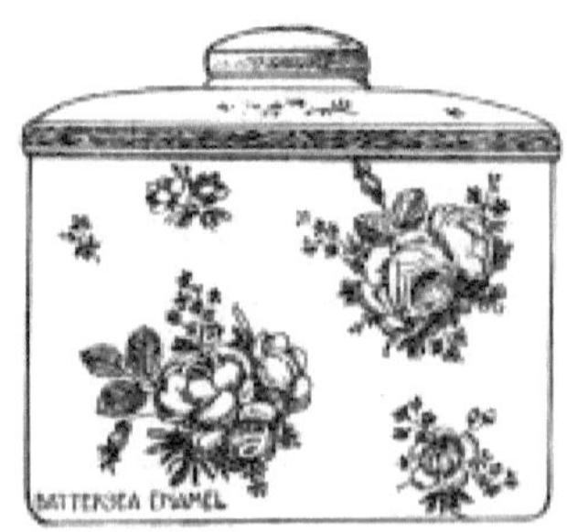

Les émaux les plus fins sont sans aucun doute ceux dans lesquels l'émail est utilisé en petites quantités, comme dans les bijoux celtiques , les couvertures de livres et les plaques d'église et de corporation de la période gothique et du début de la Renaissance, ainsi que dans les premiers cloisonnés byzantins, comme le Hamilton. broche au British Museum et à la Pala d'Oro de Saint-Marc à Venise, qui a été réalisée à Constantinople pour le doge Orseolo en 976 après JC et comporte 83 panneaux d'émail cloisonné fin sertis dans un cadre en or.

La « *Plique à jour* », la « *Baisse taille* » et les émaux de Pertubghur sont de beaux exemples de pertinence du traitement avec translucidité ou opalescence et richesse de couleur .

Le cloisonné japonais avec son traitement littéral des formes naturelles et les portraits peints en émail de François Ier et des princes contemporains par Léonard Limousin , aussi intelligents soient-ils sans aucun doute, n'ont pas la profondeur et la pureté des couleurs obtenues par les premières méthodes. Souvent cependant les Pénicauds , Nardou et Jean I. et II. obtenait une certaine richesse dans les émaux peints grâce à l'emploi de « *Paillons* » ou morceaux de feuilles métalliques qui étaient ensuite inondés d'émail translucide.

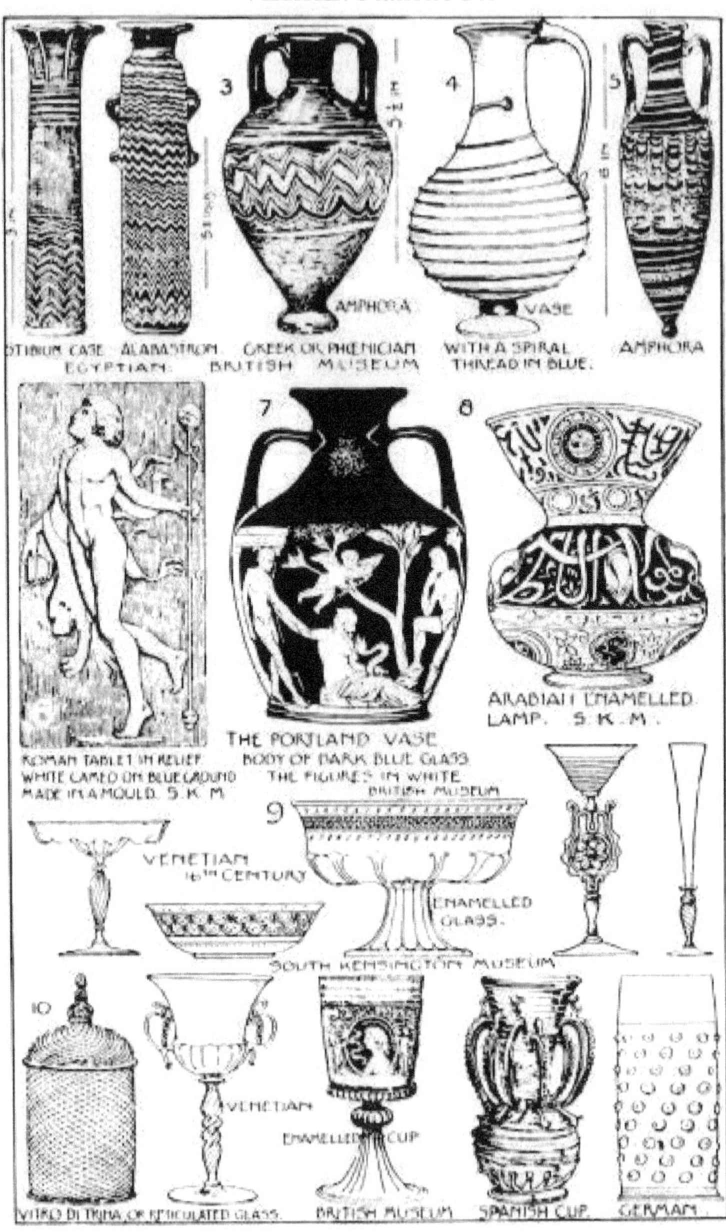

3
4
5
AMPHORA
VASE
OTIBIUM CASE ALABASTRON GREEK OR PHŒNICIAN WITH A SPIRAL AMPHORA
EGYPTIAN. BRITISH MUSEUM THREAD IN BLUE.
7
8
ARABIAN ENAMELLED LAMP. S.K.M.
ROMAN TABLET IN RELIEF. THE PORTLAND VASE
WHITE CAMEO ON BLUE GROUND BODY OF DARK BLUE GLASS
MADE IN A MOULD. S.K.M. THE FIGURES IN WHITE
BRITISH MUSEUM
9
VENETIAN
16TH CENTURY
ENAMELLED GLASS.
SOUTH KENSINGTON MUSEUM
10
VENETIAN
ENAMELLED CUP
VITRO DI TRINA OR RETICULATED GLASS. BRITISH MUSEUM SPANISH CUP. GERMAN.

VERRE.

La pureté du verre, son adaptabilité à la couleur et sa remarquable ductilité à chaud pour le soufflage, la torsion ou l'étirage en fils, le différencient de tous les autres matériaux et méthodes de traitement. Sa tradition date d'un passé lointain, car le soufflage du verre est représenté sur les tombeaux de Thèbes, vers 2500 avant JC. Il était également utilisé en Egypte pour les pâtes vitreuses des bijoux cloisonnés en bronze et en or , et pour les petits flacons ou Stibium, à motifs de chevrons. , en jaune, turquoise et blanc sur fond coloré . Des motifs, des couleurs et des formes similaires étaient utilisés par la Phénicie et ses colonies, les formes habituelles étant l'albâtre et les amphores. De nombreux restes de bols ont été trouvés en Assyrie, dont un (maintenant au musée britannique) en verre vert transparent, portant le nom de Sargon, 722 avant JC. La Grèce semble avoir importé la plupart de son verre de Phénicie , mais les Romains ont perpétué la tradition. , produisant de fines MOSAÏQUES ou MILLEFIORI . Cela a été réalisé en fusionnant des tiges de verre blanc et coloré , puis en les étirant en fils fins et en les coupant transversalement ; la section est ensuite placée dans un moule et une bulle est soufflée, unissant la mosaïque, qui est ensuite soufflée selon différentes formes. Les Romains utilisaient également l'entrelacs de tiges blanches et colorées appelé LATICINIO , mais ils excellaient dans le VERRE CAMEO , dont le vase Portland est le plus bel exemple connu. Ce vase est en verre bleu foncé, recouvert de verre blanc opaque, qui a été meulé à la roue, laissant les personnages en relief délicat. Il a été trouvé en 1644 dans le sarcophage d'Alexandre Sévère, en 325 ap. J.-C., le sujet de son relief étant le mythe de Pélée et Thétis. Un autre exemple romain de verre camée conservé au British Museum est le vase Auldjo ou Oinochoè avec de beaux reliefs de feuilles de vigne. Ces reliefs étaient fréquemment soufflés ou pressés dans des moules , et un bon exemple de ce traitement se trouve au musée de South Kensington (fig. 6). La tradition déclina ensuite jusqu'au 14ème siècle, lorsque les Vénitiens de l'île de Murano perfectionnèrent l'art de la fabrication du verre.

Les premiers exemples de VERRE VÉNITIEN étaient massifs, richement dorés et émaillés de couleurs ; un bel exemplaire du musée britannique est signé par son créateur, « Magister Aldrevandini ». Aux XVe et XVIe siècles, on fabriquait le verre soufflé le plus délicat et le plus beau, souvent incolore et avec des enrichissements de nœuds et d'ailes en verre bleu soufflé et façonné. Les Vénitiens utilisaient avec la même habileté toutes les anciennes méthodes de fabrication du verre ; les MILLEFIORI ; le LATICINIO ou fils de motif enveloppant blanc opaque; RETICELLI , un réseau de lignes blanches enserrant aux intersections une bulle d'air ; et le beau VITRO DI TRINA , verre en filigrane ou dentelle, formé de cannes ou de fils de verre blanc ou coloré placés dans un moule , une bulle étant ensuite soufflée, et le verre ensuite retiré du moule et soufflé ou tordu à la forme requis. Les miroirs artistiques en bronze des temps anciens et médiévaux cèdent désormais la place aux miroirs en verre des Vénitiens, datant de 1500 après JC.

VITRAIL. Planche 31.

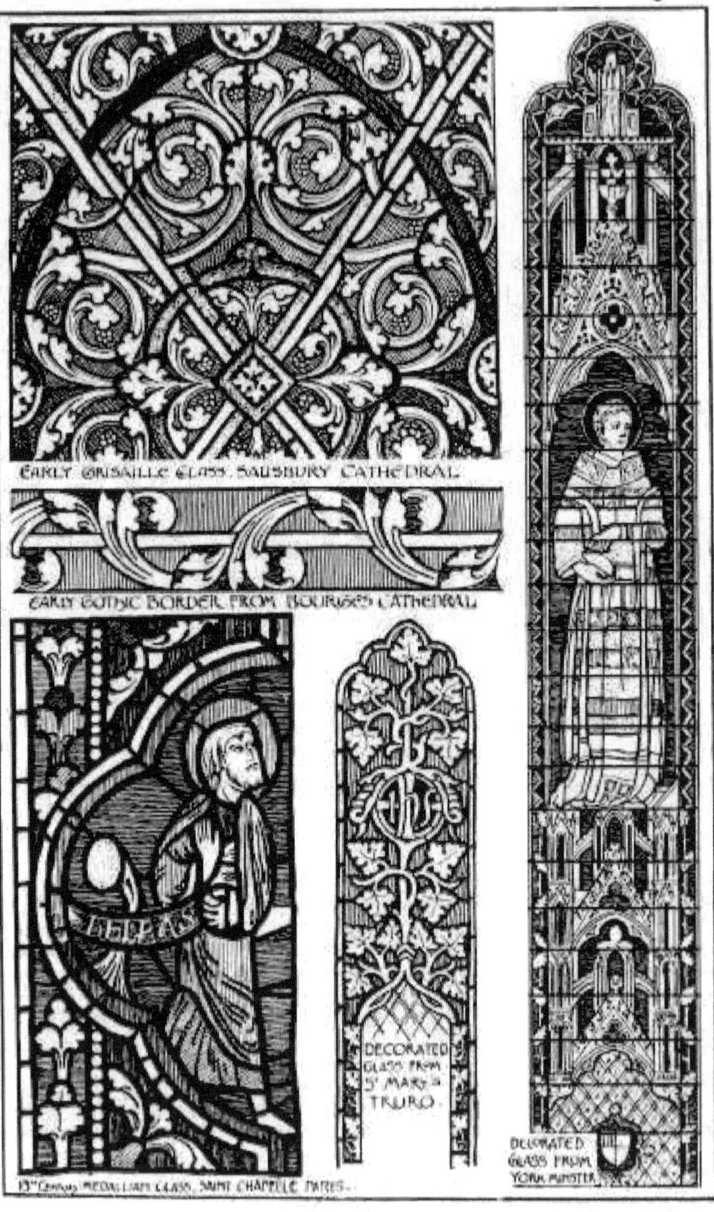

avec sa profondeur et sa translucidité, doit ses qualités intrinsèques aux oxydes métalliques, comme le cobalt, qui donne de fins bleus, l'argent, des jaunes pâles et profonds, le rose du fer et de l'antimoine, et le rubis de l'or et du cuivre, qui donne aussi de fins verts. Lorsque ces oxydes sont mélangés au verre, dans son état fondu, on parle de *métal en pot* , mais si les oxydes colorés sont appliqués uniquement sur la surface du verre, on parle de verre *flashé* ou *de verre gainé* . Le rubis, en raison de sa profondeur de couleur , est généralement du verre enveloppé. Des bleus fins sont souvent flashés et des effets splendides sont produits en faisant clignoter du rubis sur du verre métallique jaune ou bleu. Le verre en boîtier est de la plus grande valeur en raison de la variété de teintes qui peuvent être produites sur une seule feuille de verre et également du fait que la couleur peut être éliminée par meulage ou par l'utilisation d'acide fluorique.

La logique du peintre sur verre est la suivante : 1er, le schéma de composition et de couleur montré à petite échelle. 2ème, un dessin animé grandeur nature au fusain ou monochrome, avec tous les détails soigneusement dessinés, et montrant les lignes de plomb et les positions des montants en fer pour renforcer la fenêtre. 3° Un tracé sur toile montrant seulement les lignes de plomb, appelée ligne de coupe, sur laquelle sont découpés les morceaux de verre choisis. 4°, traçage de tous les détails du dessin animé, avec de l'émail brun sur chaque morceau de verre, les morceaux après cuisson étant ensuite fixés dans le guide et maintenus ensemble par des fils en forme de H. Un schéma est donné ici montrant le début d'un exemple de verre du XIIIe siècle.

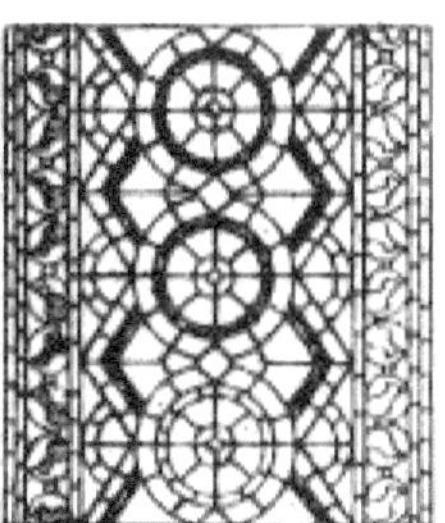

L'émail brun, qui est entièrement utilisé pour les contours, les détails ou les ombres, est un verre fusible en combinaison avec de l'oxyde manganique ou ferrique opaque et de l'huile de goudron. Avec cet émail, on travaille des dégradés de frottis ou des dégradés de pointillés. Celui-ci peut être enlevé au besoin, avant la cuisson, au moyen d'un bâton pointu ou d'une plume, de manière à donner les détails de broderies ou de formes héraldiques.

La tache d'argent (oxyde d'argent) introduite au début du XIVe siècle est largement utilisée dans les vitraux, et généralement au dos de ceux-ci. Selon les différents degrés de chaleur de la cuisson, on obtient une couleur jaune pâle ou orange foncé d'une grande transparence.

coloré a été fabriqué par les Égyptiens il y a 4000 ans, mais les premiers vitraux enregistrés étaient ceux de Brionde en 525 après JC. Cependant, aucun n'existe avant ceux de Saint-Denis en 1108 après JC. D'autres exemples se trouvent en Normandie. les fenêtres, avec de petits médaillons de figures et d'ornements d'un type byzantin prononcé, de couleur extrêmement foncée , étant, par leur style de traitement, appelées verre mosaïque. Le XIIIe siècle, ou début de la période gothique, présente des lumières à lancette unique, avec des médaillons contenant de petits personnages entourés du feuillage typique du XIIIe siècle ; ou bien les fenêtres étaient entièrement ornées de *grisailles* , disposées symétriquement, ayant d'étroites bandes de rubis ou de bleu, avec de larges bordures. Ces fenêtres *en grisaille* sont en verre blanc verdâtre, avec l'ornement en contour et le fond hachuré d'émail brun en fines lignes croisées

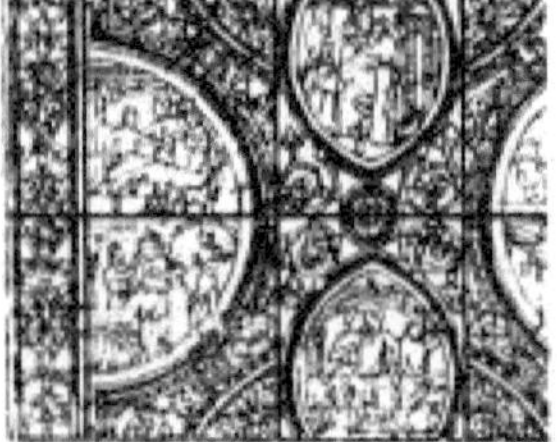

(fig. 1-2).

VERRE DU 13ÈME SIÈCLE. CATHÉDRALE DE CHARTRES. La fenêtre du transept nord de la cathédrale d'York, appelée les cinq sœurs, est typique de ce verre grisaille. Les plus beaux exemples se trouvent cependant dans les cathédrales de Salisbury et de Chartres. Plus tard dans la période, des figures uniques ont été introduites sous un simple auvent ou pignon, uni ou à crochets, avec un arc trilobé ordinaire.

Le « verre de carrière », de forme carrée ou en losange, avec des détails en émail brun, était fréquemment utilisé là où des masses simples étaient souhaitées.

Au 14ème siècle, les personnages étaient plus grands et placés sous des auvents à chaque lumière des fenêtres à meneaux, ces figures aux couleurs riches formant une ceinture lumineuse à travers la fenêtre, surmontées par les auvents, cuspidés et croqués, et en métal jaune fort, ou verre à boîtier jaune. Les bordures étaient étroites, avec un rendu un peu naturel de la rose, de l'érable et du chêne.

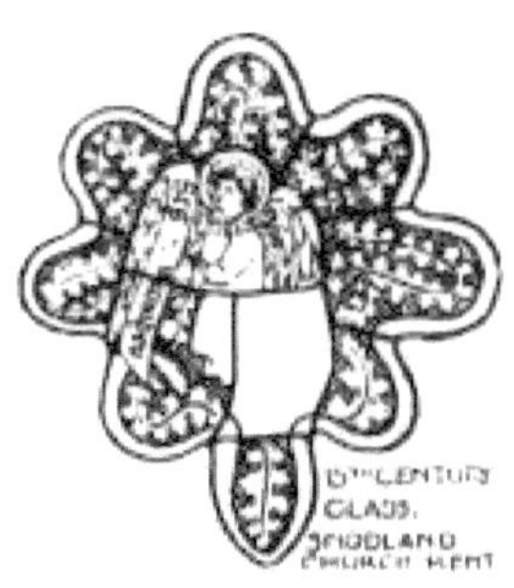

Au XVe siècle, un nouveau changement eut lieu, les personnages devinrent plus nombreux et le dais ou sanctuaire plus grand, et principalement en verre blanc, avec les crochets et les fleurons terminés par une tache jaune. La bordure colorée du verre antérieur est totalement absente, sa place étant prise par la tige du dais, et les crochets, embouts et ornements sont de traitement carré et basés principalement sur la feuille de vigne.

L'église de Fairford contient peut-être la plus belle série de verres de style gothique tardif datant de 1500 à 1530 après JC. À l'instar de l'architecture contemporaine du XVIe siècle, la Renaissance influence désormais le vitrail. Le dais a survécu, mais il était de forme horizontale ou à fronton , avec des colonnes et des détails purement classiques. De bons exemples de cette période sont les fenêtres de la chapelle du King's College de Cambridge (1520), où de riches œuvres de la Renaissance sont introduites dans les fenêtres à meneaux du gothique tardif. Vers 1540, les émaux transparents furent introduits avec habileté et réticence, mais peu à peu les peintres sur verre commencèrent à rivaliser avec la peinture à l'huile picturale dans les effets d'ombre et de lumière, le travail de base ou le matériau perdant cette belle couleur translucide ou transmise , qui est la principale gloire des vitraux. verre. Un exemple montrant la dégradation de cet art est la fenêtre ouest du New College d'Oxford, peinte par Jervas , 1777, d'après des dessins de Sir Joshua Reynolds.

L'ornementation des vitraux a naturellement suivi l'architecture contemporaine dans le traitement du style, différenciée uniquement par les nécessités techniques du matériau. Par exemple, dans les premiers verres anglais (planche 31), les détails de l'ornement ont la disposition en spirale caractéristique et le feuillage trèfle de l'ornement architectural contemporain, seul le feuillage est traité plus de profil, comme étant plus adapté aux nécessités techniques de l'ornementation architecturale contemporaine. travail de plomb et de pinceau.

La plupart des détails montrent cependant une forte affinité avec l'ornementation contemporaine française, sans doute due à l'influence de l'artisanat et de la tradition française dans les vitraux de cette période.

Au XIVe siècle, l'artisan anglais atteint une maîtrise approfondie de ses matériaux et, par conséquent, le type d'ornement suit de plus près l'architecture contemporaine anglaise.

En résumé, le vitrail a changé au fil des périodes, depuis la riche mosaïque colorée des Normands - les médaillons colorés tout aussi riches et les grisailles du premier gothique - le gothique décoré, avec des verres de couleurs plus claires et une prédominance de taches jaunes, culminant à la fin de la période gothique, lorsque la grandeur de la masse, la légèreté et la couleur argentée étaient les caractéristiques. Un beau traitement des vitraux, datant du XVe siècle, était utilisé par les Arabes ; ce verre, qui a une qualité singulière de pierre précieuse, et sans émail ni tache, était encastré dans un cadre de plâtre découpé et percé de motifs géométriques ou floraux.

Le vitrail moderne a atteint un haut degré de perfection dans la conception et les matériaux sous Burne Jones, Walter Crane, Frederic Shields et Henry Holiday, avec du verre comme celui produit par Morris, Powell et Sparrow, et le verre opalescent américain de La Farge et Tiffany. .

L'individualité de leur travail, la pertinence du traitement, basé sur la splendide tradition du passé, marquent une époque distincte dans l'histoire du vitrail.

Un splendide verre héraldique d'AW Pugin peut être vu dans les chambres du Parlement de Westminster ; et dans le hall et l'escalier de l'hôtel de ville de Rochdale, il y a une belle série de fenêtres de Heaton, Butler et Baine, remarquables par la dignité de style et l'unité de conception.

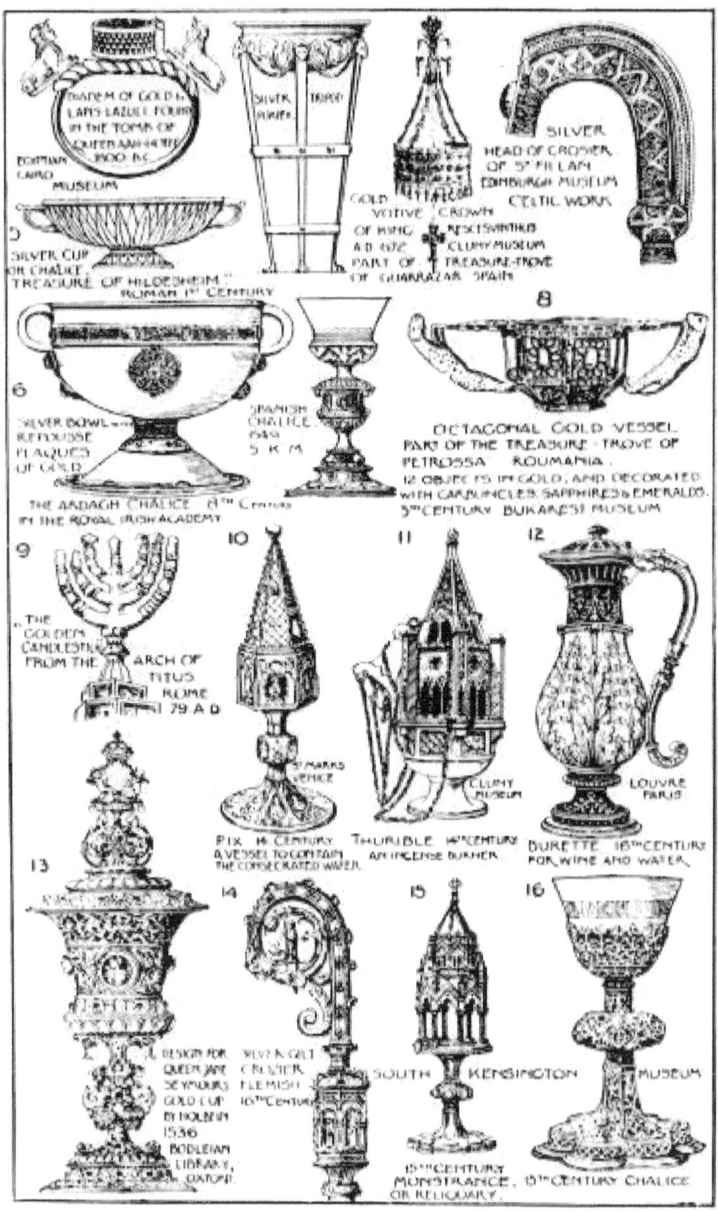
DIADEM OF GOLD & LAPIS-LAZULI FOUND IN THE TOMB OF QUEEN AAH-HOTEP 1800 B.C.
EGYPTIAN CAIRO MUSEUM
SILVER EWER TRIPOD
GOLD VOTIVE CROWN OF KING RECESVINTHUS A.D. 672 PART OF THE TREASURE-TROVE OF GUARRAZAR SPAIN
SILVER HEAD OF CROSIER OF ST FILLAN EDINBURGH MUSEUM CELTIC WORK
CLUNY MUSEUM
5 SILVER CUP OR CHALICE TREASURE OF HILDESHEIM ROMAN 1ST CENTURY
6 SILVER BOWL REPOUSSE PLAQUES OF GOLD THE ARDAGH CHALICE 8TH CENTURY IN THE ROYAL IRISH ACADEMY
SPANISH CHALICE 1549 S K M
8 OCTAGONAL GOLD VESSEL PART OF THE TREASURE-TROVE OF PETROSSA ROUMANIA. 12 OBJETS IS IN GOLD, AND DECORATED WITH CARBUNCLES, SAPPHIRES & EMERALDS. 5TH CENTURY BUKAREST MUSEUM
9 THE GOLDEN CANDLESTICK FROM THE ARCH OF TITUS ROME 79 A.D.
10 PYX 14TH CENTURY A VESSEL TO CONTAIN THE CONSECRATED WAFER. ST MARKS VENICE
11 THURIBLE 14TH CENTURY AN INCENSE BURNER. CLUNY MUSEUM
12 BURETTE 16TH CENTURY FOR WINE AND WATER. LOUVRE PARIS
13 DESIGN FOR QUEEN JANE SEYMOUR'S GOLD CUP BY HOLBEIN 1536 BODLEIAN LIBRARY, OXFORD
14 SILVER-GILT CROSIER FLEMISH 16TH CENTURY
15 SOUTH KENSINGTON MUSEUM 15TH CENTURY MONSTRANCE
16 15TH CENTURY CHALICE OR RELIQUARY.

OR ET
ARGENT.

De tous les trésors, ceux d'or et d'argent sont les plus précieux, nous montrant la richesse, la culture et les arts décoratifs des gens qui utilisaient il y a des siècles ces beaux objets de bijouterie ou d'utilité. L'un des plus anciens et des plus précieux de ces trésors a été découvert en 1859 auprès de la momie de la reine Aah-Hotep, 1800 avant JC (Musée du Caire), et consistait en : des bracelets, des brassards, des bagues, des chaînes, un diadème (fig. 1), un petit modèle de galère de guerre à douze rames et un poignard, tous d'un travail exquis et d'or pur, enrichi de pâtes vitreuses de jaspe et de turquoise. A Petrossa en 1837 (Musée de Bucarest), vingt-deux beaux objets en or furent trouvés, mais douze seulement furent récupérés, constitués de deux anneaux de cou ou Torques ; un grand plateau martelé et ciselé ; une aiguière ; un bol à figures en repoussé ; quatre fibules enrichies de pierres précieuses ; un hausse-col ; et deux tasses à double anse (fig. 4), toutes des œuvres byzantines du Ve siècle. A Guarrazar , en Espagne, dix couronnes votives en or de facture gothique ont été trouvées ; l'un portant le nom du roi Suintila , 630 après J.-C., se trouve maintenant au musée de Madrid, les autres à l'hôtel Cluny, à Paris, le plus grand portant le nom du roi Rescesvinthus , 670 après J.-C. en lettres pendantes (fig. 3). Parmi les œuvres d'orfèvrerie, le plus important est le « Trésor d'Hildesheim », découvert en 1868 (aujourd'hui au musée de Berlin), composé de trente objets, tasses, vases et plats, de beaux contours et admirablement enrichis de délicats travaux de repoussé du Greco. -Période romaine (fig. 5). Le British Museum contient de nombreux beaux exemples d'orfèvrerie grecque et étrusque ; certaines œuvres grecques anciennes présentent l'enrichissement en spirale typique de Mycènes . De belles plaques grecques des 4e et 5e siècles avant JC étaient obtenues en pressant l'or dans des moules en pierre , et étaient ensuite enrichies de fils d'or ou de « filigrane », qui se développèrent plus tard dans le travail du filigrane byzantin.

Les belles fibules étrusques sont enrichies de minuscules globules d'or soudés, procédé porté à un degré de perfection remarquable par les Étrusques aux VIIe, VIe et Ve siècles avant JC. Parmi les vases en or et en argent utilisés par Salomon dans le temple, nous avons la description dans les Livres des Rois et des Chroniques, mais aucune trace des originaux, si ce n'est que sur l'Arc de Titus, 79 après J.-C., on trouve une représentation du chandelier d'or à sept branches (fig. 9). De la période médiévale , de nombreux beaux exemples d'assiettes d'églises et de corporations sont encore conservés dans nos musées. Ils sont d'une grande valeur intrinsèque, d'une belle facture, ciselés et gravés, et enrichis de travaux de fonte et de repoussé et des émaux les plus raffinés. De l'artisan ou de l'orfèvre , nous savons peu de choses, mais sa délicatesse du toucher, sa juste appréciation de l'adéquation du traitement à son matériau, ainsi que la grâce et le charme singuliers de son design sont un hommage à sa culture et à sa personnalité. Cellini a produit de nombreuses œuvres magnifiques, mais peut-être pas plus belles que ses nombreux orfèvres contemporains. Il y a dans nos musées quelques charmants spécimens de gravure sur argent, remplis d'émail noir appelé Niello, par Maso. Finiguerre , vers 1450, qui réalisa quelques premières estampes à partir d'une plaque gravée.

BRONZE. Planche 33.

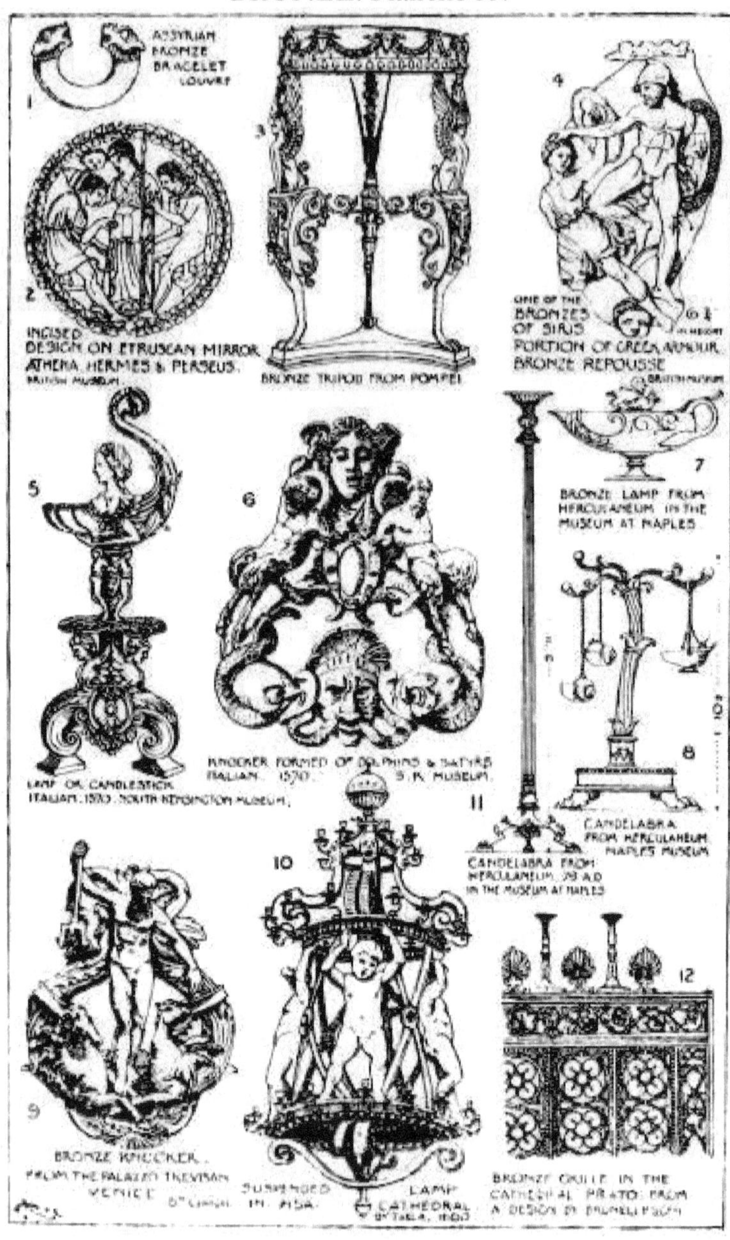

BRONZE.

Le bronze, alliage de cuivre et d'étain, est utilisé depuis une période reculée de l'histoire des arts. Son adaptabilité au moulage, sa durabilité, son utilité et sa couleur ont fait de ce matériau l'un des plus utiles et des plus précieux. Parmi les nombreux beaux exemples de bronzes égyptiens et assyriens anciens conservés au British Museum, les plus beaux sont les bronzes de Siris, deux fragments d' armure , avec des reliefs en repoussé (fig. 4). Les nombreuses statues grecques en ronde-bosse, de leurs dieux et héros, montrent la technique la plus habile et la beauté des formes. Les Étrusques étaient d'habiles ouvriers dans ce matériau, et ils utilisaient un traitement des lignes incisées des plus expressifs, qui différencie leurs bronzes décoratifs de ceux de Grèce, avec leurs délicats bas-reliefs. Les miroirs en bronze (fig. 2) et la Cista sont des exemples typiques du traitement étrusque. La plus belle cista connue est celle appelée « Ficoroni Cista », par Morios Plantios (IIIe siècle avant JC) et se trouve aujourd'hui au Collegio Romano ; une description, avec des illustrations de cet exemple, se trouve dans le « *Magazine of Art* », avril 1884. Des descriptions de cette ciste et des nombreux beaux exemples conservés au British Museum sont données dans « *Murray's Handbook of Greek Archaeology* ». Parmi les petits bronzes décoratifs, le musée de Naples possède à lui seul plus de 13 000 exemplaires, composés de candélabres, trépieds, tables, chaises et canapés, qui, il y a dix-huit siècles, étaient utilisés par les riches citoyens romains. Parmi les statues équestres en bronze, les plus célèbres sont celles de Marc Aurèle, à Rome, en 175 après JC ; Bartolomeo Coleone , à Venise, 1488 après JC, par Andrea Verrocchio ; et Alessandro Leopardo ; et celle de Gattamelata , à Padoue, 1453 après JC, par Donatello.

Une figure en bronze remarquable de la période de la Renaissance est celle de Persée, de Benvenuto Cellini, 1500-1570, à Florence, et la figure de Neptune sur la fontaine de Bologne par Giovanni da Bologna, 1524-90.

Les portes en bronze de San Zenone , à Vérone, (voir planches 1 et 3 dans « *Aratra Pentelici* » de John Ruskin), et ceux du Baptistère de Florence, d'Andrea Pisano et Ghiberti (voir Renaissance) sont des exemples typiques des premiers bronzes de la Renaissance. La coulée de ces bronzes s'est faite selon la méthode "Cire Perdu", c'est-à-dire en formant un noyau de matériau ferme presque de la taille et de la forme requises, puis en le recouvrant d'une feuille de cire et en finissant avec les détails requis, avec des bâtons de cire dépassant pour former. évents pour l'évacuation de la vapeur lors de la coulée. La cire est ensuite badigeonnée d'une composition d'argile fine et de creusets broyés jusqu'à une certaine épaisseur et le moule ainsi formé est relié à celui intérieur par des tiges de bronze. La cire est ensuite fondue, laissant une cavité dans laquelle le bronze liquide est coulé, le noyau et le moule étant ensuite retirés. Le bronze est également coulé dans des moules en pièces tirés du modèle ; le moule en pièces est ensuite recouvert de feuille d'argile, assemblé et le noyau coulé. L' argile est ensuite retirée et le bronze coulé comme dans le processus précédent. Le processus de coulée au sable a maintenant atteint un haut degré de perfection dans lequel le noyau et le moule sont formés par pression dans un sable fin et tenace.

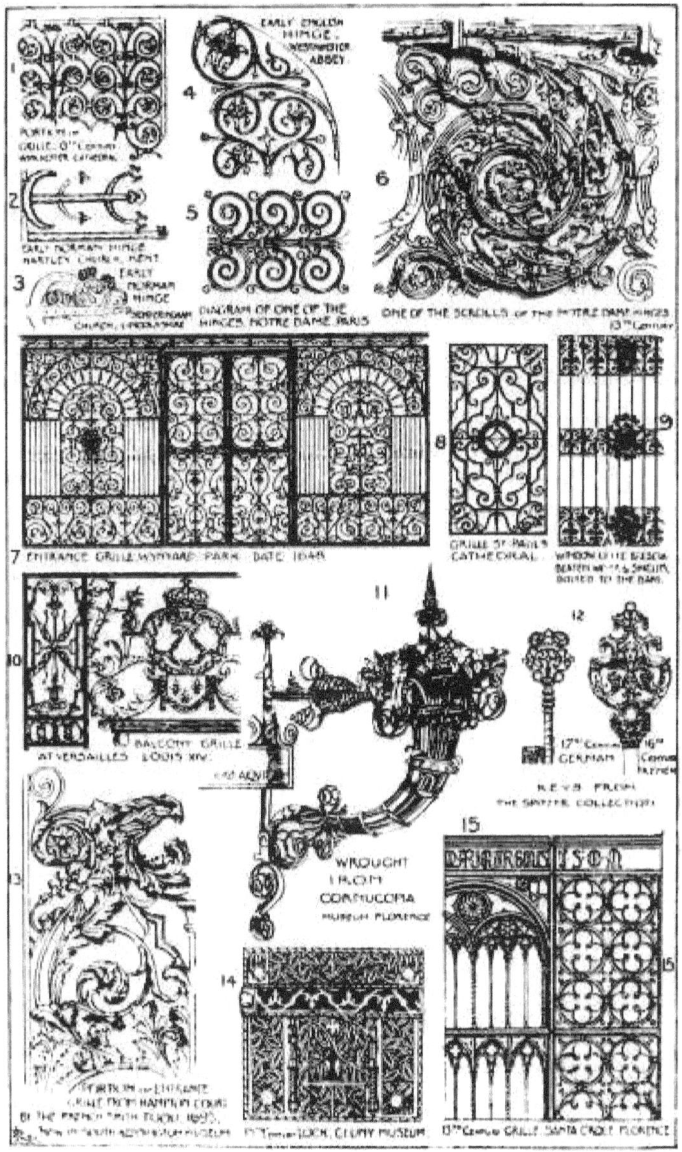

FER FORGÉ

·

Les qualités décoratives du fer, avec sa résistance, sa durabilité et son prix relativement bas, en ont fait l'un des métaux les plus utiles dans les arts appliqués. Utilisé très tôt pour les instruments de guerre et de chasse, il fut progressivement associé à l'architecture et au mobilier, atteignant aux XVe et XVIe siècles un degré remarquable de beauté et d' habileté artisanale qui n'a jamais été surpassé. De nombreuses belles charnières normandes en fer forgé existent encore, ayant une barre centrale ou une sangle droite, avec de petites terminaisons en volutes ; ces sangles centrales étaient renforcées par des pièces en forme de croissant, se terminant par de petits serpents, probablement une survivance des traditions vikings. Cette forme de charnière a été remplacée par la charnière gothique primitive, qui était une série de spirales jaillissant de la barre droite ou de la sangle, la spirale étant soudée ou fixée avec des colliers ; ces spirales étaient enrichies du feuillage trilobé ou trèfle, typique de la période gothique primitive ; De beaux exemples de cette charnière se trouvent sur la porte ouest de Notre-Dame de Paris, où cette spirale typique porte la feuille de trèfle, avec des oiseaux, des dragons et de petites rosaces en fer estampé. Cette caractéristique estampillée peut être vue, mais à un moindre degré, dans les fines charnières de l'église de Leighton Buzzard, de l'église d'Eaton Bray, dans le Bedfordshire, et du grill Eleanor de l'abbaye de Westminster, par Thomas de Leghton , en 1294. Aux XIVe et XVe siècles. , lorsque les portes à panneaux ont remplacé les portes antérieures, ce style de charnière gothique primitif n'était plus nécessaire (fig. 5), de sorte que nous n'en trouvons aucune trace à cette époque, mais l'art du fer forgé s'est poursuivi avec le martelage et charnières ciselées et plaques de serrure d'une facture des plus variées et délicates, qui ont enrichi les beaux coffres gothiques des XIVe et XVe siècles. Le simple paravent forgé, si largement utilisé au XIIIe siècle, est aujourd'hui élaboré, notamment en Italie, et de beaux exemples de grilles quadrilobées avec un encadrement massif ouvré et une riche frise de feuillages, d'amours et d'animaux en fer percé et martelé sont à voir dans les cathédrales d'Orvieto, Prato et Sienne, datant d'environ 1337 à 1350, et à Santa Croce, Florence, 1371 ; mais c'est en Espagne et en France que le cinéma atteint son apogée. Les paravents espagnols ou « Réjas » des cathédrales de Séville, Tolède et Grenade comportent une belle gamme de barres verticales tournées et ciselées de 30 à 50 pieds de haut, avec une frise et une crête élaborées.

De belles portes ouvrées et ciselées furent érigées en France vers 1658, pour le Louvre et les châteaux royaux d' Anet et d'Éconeu . Il y a quelques belles portes ouvragées à Hampton Court par Jean Tijon , qui en a publié quelques dessins en 1693, et de nombreuses bonnes portes simples du siècle dernier sont encore en place dans de nombreuses régions du pays.

Les piliers du portail en fer forgé de la chapelle Saint-Georges de Windsor, avec leur traitement architectural composé de lambris ouverts , de crêtes et de contreforts massifs, limés, boulonnés et rivetés, sont de splendides exemples de fabrication flamande et sont probablement l'œuvre de Quintin Matsys (1450- 1529).

MEUBLES.

L'adaptabilité et l'universalité du bois à des fins domestiques et publiques, sa susceptibilité à la sculpture et à l'enrichissement, sa belle texture, son grain et sa couleur en ont fait l'un des matériaux les plus utiles dans les arts constructifs et décoratifs.

Les nombreuses chaises, tables et coffres de l'Antiquité, ainsi que les belles stalles du chœur, les armoires et les paravents du Moyen Âge sont un hommage à la vitalité, à l'inventivité et à la perception artistique du vieil artisan.

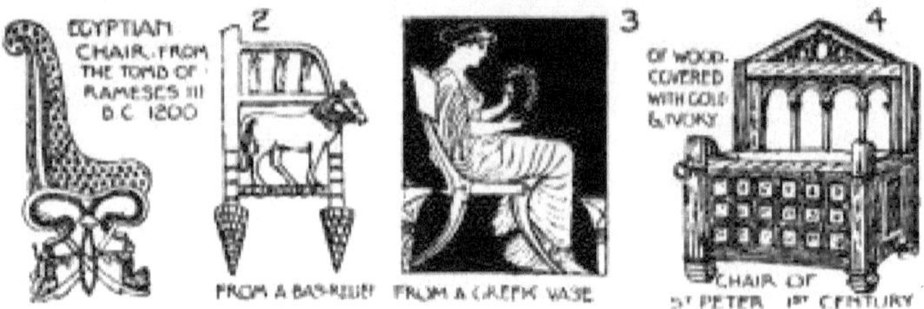

L'universalité de la chaise a eu tendance à préserver sa forme à travers de nombreux siècles. La chaise a subi diverses modifications, depuis la chaise égyptienne ornée jusqu'à l'exemple assyrien avec les supports en pommes de pin. Dans l'exemple grec, la beauté et la simplicité du profil sont remarquables, tandis que la chaire de Saint-Pierre, du Ier siècle après JC, est purement architectonique avec des enrichissements en or et en ivoire.

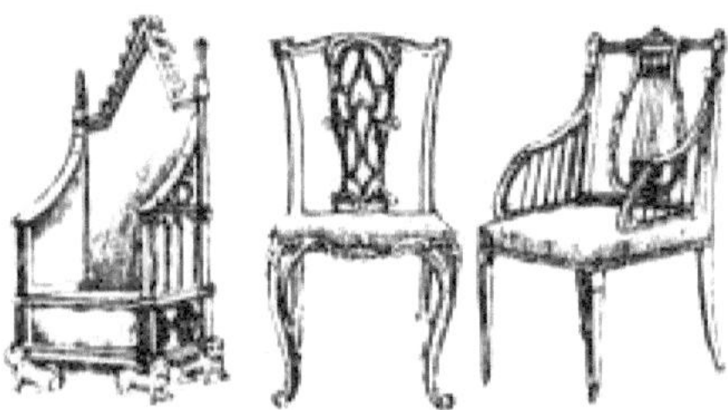

La chaise du couronnement de l'abbaye de Westminster, de l'époque d'Édouard Ier, est l'une des plus anciennes d'Angleterre, offrant un fort contraste avec les chaises du XVIIIe siècle de Chippendale et Sheraton.

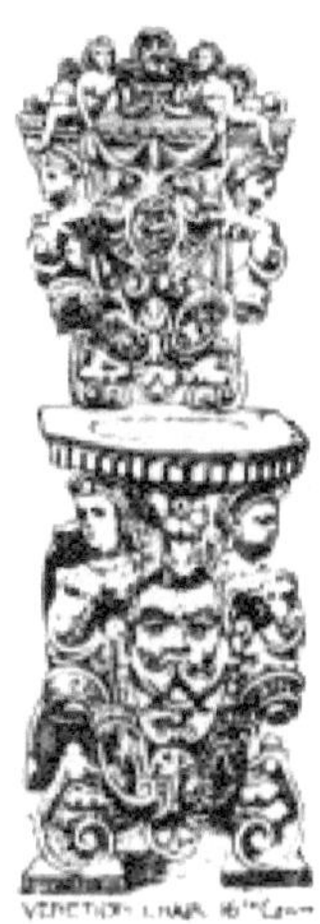

Une chaise vénitienne du XVIe siècle présente un traitement habile mais inapproprié.

Les Arabes du Caire, au XVe siècle, produisirent de magnifiques boiseries géométriques , souvent incrustées d'ébène et d'ivoire, et présentant une merveilleuse complexité de lignes et de détails.

En Italie, au XVIe siècle, de nombreux cassone ou coffres magnifiquement sculptés, en noyer, enrichis de dorure, ont été produits, semblables à celui représenté ici du South Kensington Museum.

En Italie, les belles stalles sculptées du XVIe siècle étaient fréquemment enrichies d' INTARSIA , une incrustation de bois clair sur fond sombre, cette intarsia étant ensuite légèrement gravée et noire frottée, ou brûlée avec du sable chaud ou des fers. Les stalles du chœur de Saint- Organe , à Vérone, et de la Certosa , à Pavie, sont de beaux exemples d'Intarsia.

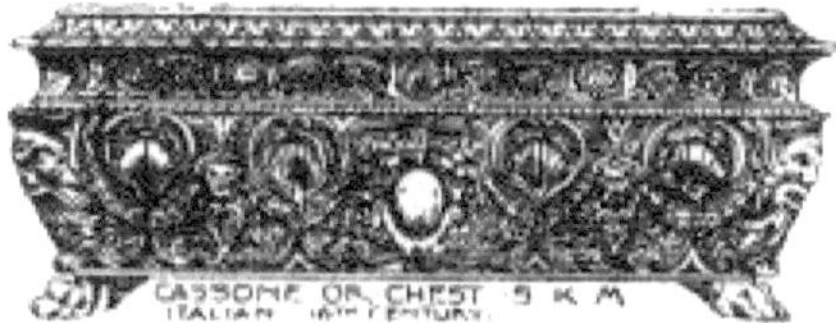

CASSONE OU COFFRE SKM ITALIEN XVIE SIECLE

Dans la Renaissance de la France , nous rencontrons de nombreux exemples de beaux meubles, une grande habileté, un grand goût et une grande ingéniosité mis à profit dans ce travail. Jean Goujon, Bachelier et Philibert de l'Orme étaient célèbres pour leurs sculptures sur bois au XVIe siècle.

En 1642, André Charles Boule présente une œuvre plaquée composée de fines écailles de tortue et de laiton, fréquemment ciselés ou gravés ; c'est ce qu'on appelle maintenant le travail DE BOULE . Dans certaines des œuvres ultérieures, la coquille est posée sur un fond vermillon ou doré, ce qui renforce considérablement son effet. Au XVIIIe siècle, le travail de Boule était encore fabriqué en France, mais de nouvelles méthodes et de nouveaux hommes apparurent, entre autres Riesener et David Roentgen, qui produisirent de splendides MARQUETERIES de fleurs, de festons et de motifs de couches incrustés dans des bois de différentes couleurs . Ces deux hommes travaillaient l'acajou et l'ébène, et leur marqueterie plus légère était souvent ombragée par du sable chaud. Ces meubles étaient généralement enrichis de montures dorées, en bronze ou en métal par Gouthière , artisan contemporain. Une belle manière d'enrichir le travail du bois a été introduite par Vernis Martin, 1706-70 ; c'était l'utilisation d'une laque dorée et verte, transparente et brillante, semblable aux belles laques du Japon.

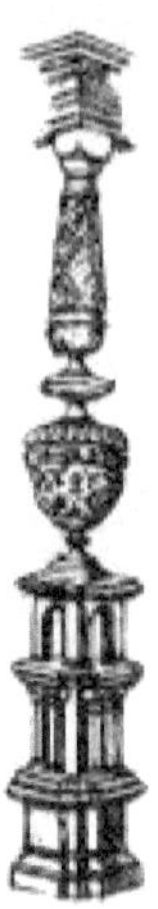

Parmi les Anglais de cette période, Thomas Chippendale a produit de bons meubles et a publié un livre de dessins en 1764, qui a sans aucun doute influencé une grande partie du mobilier de cette période ; Mathias Lock était un autre ébéniste réputé. En 1789, A. Hepplewhite publie un livre sur le mobilier et, en 1795, Thomas Sheraton publie un ouvrage sur le même sujet.

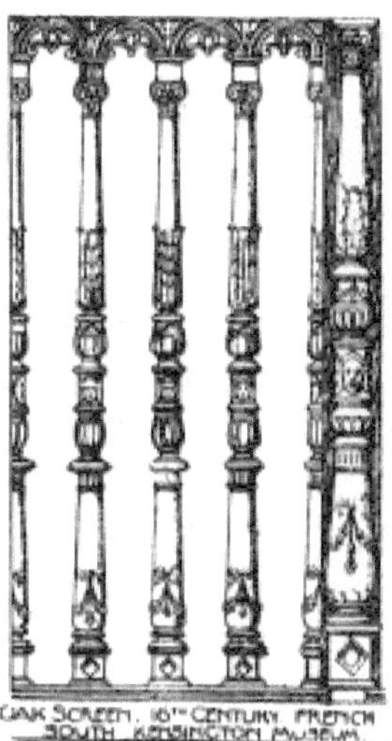

Les belles lambris et les manteaux sculptés des nombreuses belles salles de l'époque d'Élisabeth et de Jacques sont caractéristiques du travail anglais. Contemporains sont les magnifiques coffres à panneaux anglais avec des images et des enrichissements pittoresques, et le curieux pied de lit jacobéen avec son piédestal percé et son pilier à balustre.

Avec Grinling Gibbons, décédé en 1721, la sculpture sur bois atteint son apogée en termes de délicatesse et d'habileté artisanale.

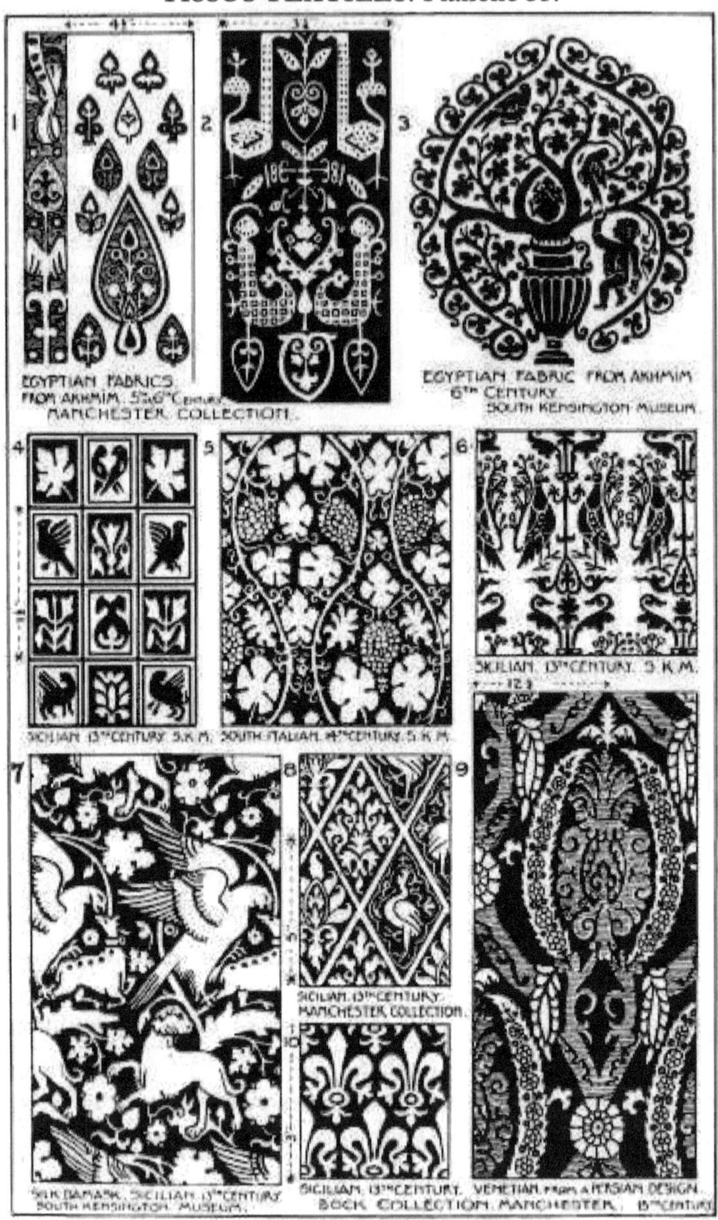

TEXTILES.

L'utilité, l'universalité, la construction, la texture, l'ornementation et la couleur des tissus textiles sont pleines d'intérêt et de suggestivité, car dans le développement remarquable des tissus textiles nous pouvons retracer la continuité du style et de la tradition, le mélange des races et des coutumes, et la greffe des idées religieuses avec la richesse et la luxuriance du passé.

Tous les tissus travaillés au métier à tisser sont appelés textiles. Ils sont globalement divisés en trois classes : 1° les tissus unis dans lesquels la chaîne et la trame alternent également ; 2° les tissus dans lesquels un motif est produit par la chaîne et la trame mélangées dans des proportions ou des couleurs différentes , les tissus figurés et les tapisseries étant compris dans cette classe ; 3° les tissus dans lesquels le textile uni N° 1 est enrichi à l'aiguille ou par impression, appelés broderies ou tissus imprimés.

En raison de leur nature périssable, il existe peu de vestiges d'anciens tissus textiles. Les exemples les plus anciens se trouvent dans les tombeaux d'Egypte, où, en raison de la sécheresse du climat, subsistent encore quelques tissus des premières dynasties. Ils sont généralement en lin fin et sans enrichissement, mais sur les mêmes tombes se trouvent de nombreux motifs peints qui montrent sans aucun doute une origine tissée. Les tissus figurés les plus anciens trouvés en Égypte datent du 6ème siècle après JC et présentent une similitude remarquable avec les premiers modèles de Perse et de Byzance, car c'est en Inde, en Perse et en Arabie que les textiles ont atteint leur perfection de fabrication et leur richesse en matériaux. . Cette splendide tradition fut transmise de la Perse et de l'Inde à Byzance au 5ème siècle, et au 8ème siècle les Arabes absorbèrent et assimilèrent les arts de la Perse, de l'Inde, de l'Egypte et de l'Espagne et portèrent l'art du tissage à son apogée aux 14ème et 15ème siècle. des siècles.

Les motifs ornementaux des tissus textiles de différentes nations et périodes sont caractérisés par des formes bien définies, différenciées par l'influence raciale, les conditions climatiques et les mythes et traditions des peuples. Pourtant, l'origine orientale traditionnelle peut être retracée à travers de nombreux modèles de textiles, car il ne fait aucun doute que l'Inde, la Perse et l'Arabie ont influencé la conception des tissus textiles plus que tout autre pays. Cela était sans doute dû en partie au fait que les tisserands orientaux transportaient avec eux leur art et leurs traditions dans diverses régions d'Europe, ainsi qu'à l'exportation de leurs magnifiques tissus, mais principalement aux dessins magnifiques et intéressants parfaitement adaptés au processus de tissage. . C'est sans doute à cette franche adaptation des formes naturelles et à leur adéquation aux nécessités techniques des tissus, que cette influence orientale a été si persistante pendant de nombreux siècles dans différentes parties de l'Europe. Il est remarquable que même en Italie, pendant toute la période de la Renaissance, avec les formes de volutes et les feuillages d'acanthe caractéristiques de son architecture et de ses arts décoratifs, les textiles sont de style assez distinct, présentant les caractéristiques de l'ornement sicilien, persan et indien.

Parmi les premiers tissus figurés, il faut placer ceux de l'Assyrie, dont on peut voir des représentations dans le livre de Layard sur Ninive. Les motifs étaient constitués de figures ailées placées symétriquement avec le Hom ou Arbre de Vie et la rosace, qui était utilisée comme symbole par Zoraster . Il est probable que beaucoup de ces motifs étaient brodés, car on disait que les Babyloniens étaient habiles dans l'art de la broderie, mais il est également certain que certains de ces motifs étaient tissés. Les tissus figurés trouvés en Égypte ne datent que des Ve et VIe siècles après J.-C. et montrent une influence byzantine et perse marquée (fig. 1-7, planche 35). Les exemples byzantins caractéristiques comportent des médaillons, des figures placées symétriquement et des ornements du « Hom ». À Alexandrie et à Antioche, de nombreux tissus de soie fine verte et dorée avec des ornements aux contours bruns ont été produits du VIe au Xe siècle.

Sous les Sarrasins, les tissus textiles atteignirent leur plus haut développement ; la splendeur des couleurs , la beauté et la perfection des matériaux et la beauté singulièrement intéressante des dessins sont les principales caractéristiques.

La conquête de la Perse, en 632 après JC, par Abou Bekr , successeur de Mahomet, l'établissement de Bagdad en 762 comme capitale des califes arabes, et l'invasion de l'Inde, en 711, donnèrent un élan remarquable aux arts décoratifs. plus spécialement les arts de la teinture, du tissage et de la broderie. Ces arts culminèrent dans la période splendide des califes Fatimy , 909-1171 après J.-C. Bien que Mahomet interdisait à ses disciples de porter de la soie, celle-ci était largement utilisée par les Sarrasins et, pour échapper à l'injonction, le coton y était fréquemment entrelacé et, en Inde. en particulier, les tissus ont souvent une chaîne en coton comme base pour les motifs de trame des soies colorées et du fil d'or. De nombreux beaux exemples de tissus sarrasins du XIe au XVe siècle se trouvent aujourd'hui dans nos musées nationaux. La plus grande partie vient de Sicile et est appelée sicilienne ou siculo-sarrasine. Ils comportent des bandes d'oiseaux, d'animaux, de feuillages et des inscriptions en bleu, vert et or sur fond rouge. Si le tissu était entièrement en soie, il était appelé *Holosericum* , et s'il était en soie et en or, *Chrysoclavum* . *fond de teint* . Le fil d'or étiré n'était pas utilisé dans les premiers tissus, mais la feuille d'or posée sur du papier ou de la peau puis enroulée autour d'un fin fil de soie était largement utilisée par les tisserands sarrasins. Les motifs de certains tissus siciliens ultérieurs des XIIIe et XIVe siècles ont un fond violet en soie sergée, avec des oiseaux et des feuillages formés par une trame de fil d'or. Ces motifs étaient généralement disposés symétriquement, sans doute en partie à cause de l'art traditionnel de l'Assyrie, mais aussi des simples nécessités du tissage, car dans les premiers métiers à tisser, le retournement du motif était fréquemment utilisé. Les tissus sarrasins produits en Espagne sont appelés hispano-mauresques et se distinguent par de splendides motifs conventionnels de soie pourpre ou bleu foncé sur fond jaune d'une belle qualité, et par un usage fréquent de bandes de parchemin doré à la place du fil doré roulé. A cette époque, de nombreux velours fins relevés sur fond satiné d'or

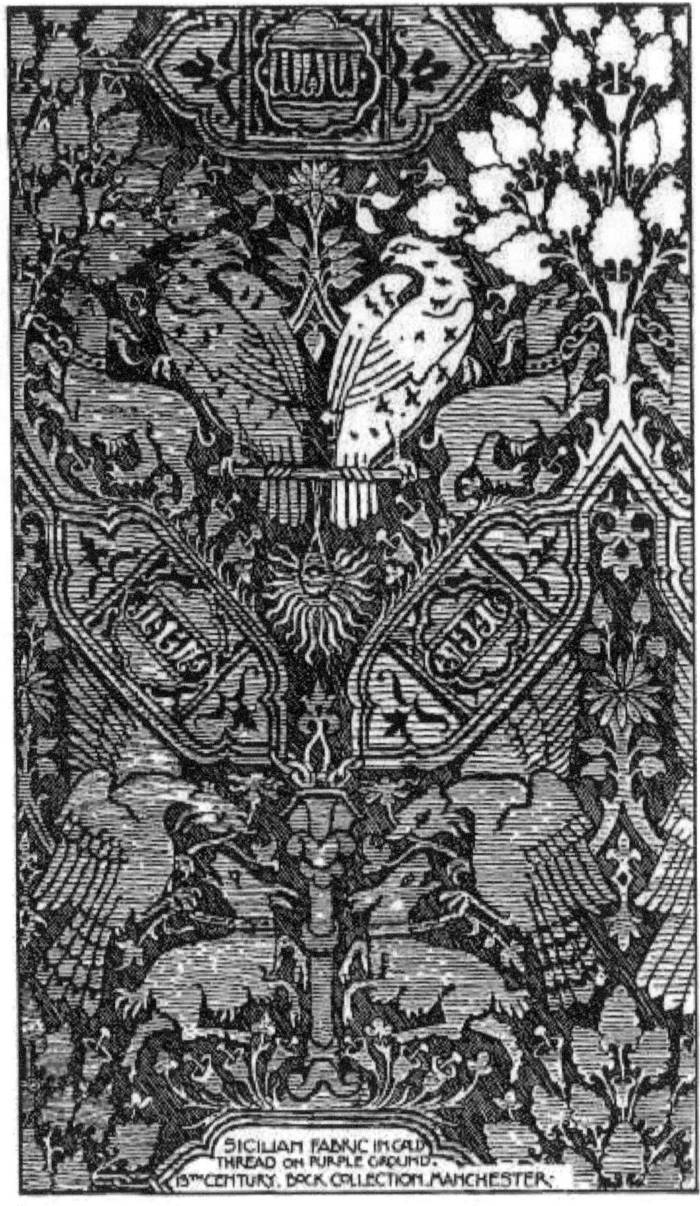
SICILIAN FABRIC IN GOLD
THREAD ON PURPLE GROUND.
13TH CENTURY. BOCK COLLECTION.MANCHESTER.

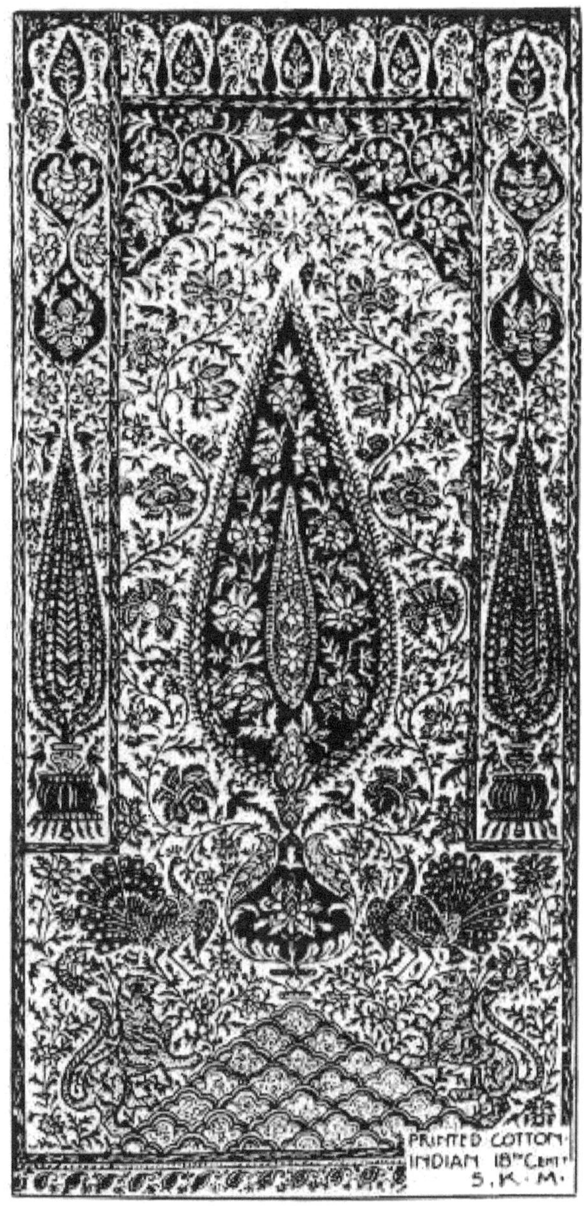

et des fils d'argent furent fabriqués. Au XIIe siècle, Roger II, roi normand du nord de la Sicile, prit Corinthe et Argos, transporta de nombreux tisserands et brodeurs de Grèce en Sicile et les établit à Palerme, où ils assimilèrent rapidement le style sicilien et produisirent de nombreux tissus raffinés. aux XIIIe et XIVe siècles.

Les croisades commencèrent alors à influencer les arts ; en 1098, Antioche fut prise et le butin réparti dans toute l'Europe ; en 1204, Constantinople fut prise par Baldwin, comte de Flandre, et le doge vénitien Dandolo , et le vaste butin des textiles fut distribué. C'est sans doute sous l'influence des croisades que les tisserands siciliens des XIIIe et XIVe siècles produisirent de nombreux et beaux tissus enrichis de lions ailés, de croix et de couronnes feuillagées, d'étoiles rayonnées, de cerfs et d'oiseaux liés entre eux, et de l'introduction d'armoiries. . Au début du XIVe siècle, cette splendide tradition fut introduite en Italie et à Lucques de nombreux beaux tissus furent produits, ayant les mêmes caractéristiques et techniques que les tissus siciliens.

Le manteau sur le gisant en bronze de Richard II. dans l'abbaye de Westminster présente un motif de feuillage avec des cerfs couchants et des étoiles rayées, et a très probablement été copié à partir de la soie originale réalisée pour Richard à Lucques ou à Palerme.

Les beaux matériaux et dessins des tissus textiles indiens sont révélateurs de l'amour de la nature et de la splendeur des couleurs d'une antiquité lointaine. Bien qu'influencée à diverses époques par les traditions grecques, perses et arabes, l'Inde a néanmoins conservé un art ornemental indigène d'une fraîcheur et d'une vitalité remarquables, les concepteurs choisissant leur propre flore et leur faune dotées d'un pouvoir sélectif et de qualités d'adaptation rares. Avec un sens instinctif pour l'art ornemental, aidés par les splendides colorations des teintures indigènes, ils produisirent des tissus textiles de soie, de brocarts et de dentelles d'or et d'argent remarquables par la richesse et la perfection des matières, la beauté du dessin et l'harmonie des couleurs . Le pin indien est une forme familière d'enrichissement qui se différencie du cyprès de Perse (fig. 1, planche 22), par la spirale au sommet. Ce pin typique est traité avec une merveilleuse diversité de détails (figs. 4, 5 et 6, planche 23). Les splendides tapis de l'Inde ont sans aucun doute été influencés par la tradition persane et suivent les mêmes méthodes et arrangements ornementaux, adaptant, conventionnalisant et mettant en valeur les plantes, les fleurs et les graines, et les rendant avec un sens raffiné de la forme et de la couleur . L'impression à la planche était largement utilisée pour les soies et les cotons, et de nombreux exemples splendides sont aujourd'hui précieux dans nos musées ; une illustration d'un Palampore en coton imprimé de South Kensington est donnée ici, montrant le magnifique traitement floral, la diversité des détails et le contraste des lignes et de la masse. Les Brocarts d'or et d'argent ou « Kincobs » d'Ahmedabad et de Bénarès, à motifs d'animaux, de fleurs et de feuillages richement pailletés ; les

mousselines délicates de Dacca, les mousselines apprêtées or et argent de
Jaipur et les laines

Planche 38 .

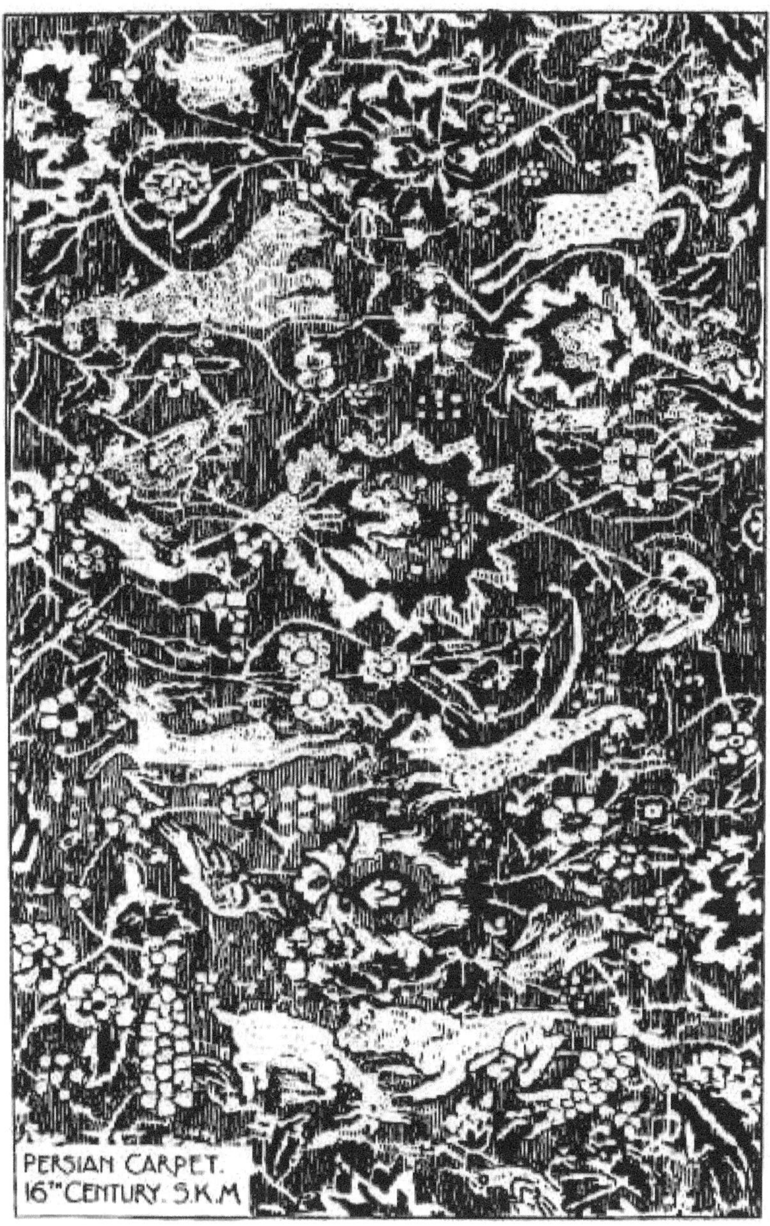

les châles du Cachemire, avec le motif de pin bien connu, sont de splendides exemples de richesse de matière, de délicatesse et d'habileté technique, de beauté et de pertinence de l'ornementation.

Les tapis à poils de Perse, en particulier ceux du Kurdistan, du Khorassan , du Kirman et du Ferahan , sont les plus beaux au monde, étant de couleurs magnifiques et présentant des motifs conventionnels audacieux de leur belle flore, avec des oiseaux et des animaux entrecoupés d'ornements, donnant un l'ampleur de la masse, l'intérêt et la vitalité des détails. L'illustration de la page ci-contre provient d'un beau tapis persan du XVIe siècle et constitue un bon exemple de leurs méthodes et traditions. La jacinthe, la tulipe, l'iris et la rose sont fréquemment introduites, en même temps que le hom ou arbre de vie. On donne une illustration (fig. 2, planche 22) d'un tissu génois mais de dessin persan, montrant le « rose » typique avec sa simplicité et la beauté de sa ligne. Cet art traditionnel de Perse a eu une influence très marquée sur les tissus textiles d'Europe du XIIe au XVIIe siècle. Cela était sans doute dû à de nombreuses causes, mais la parfaite adaptabilité au procédé de tissage, l'intérêt, l'inventivité et la beauté de l'ornement, et le traitement singulier et franc de la forme et de la couleur , séduisirent sans aucun doute les artisans d'Europe, et c'est pourquoi nous retrouvons de nombreux modèles persans produits en Sicile, en Espagne, en Italie, en France et en Flandre.

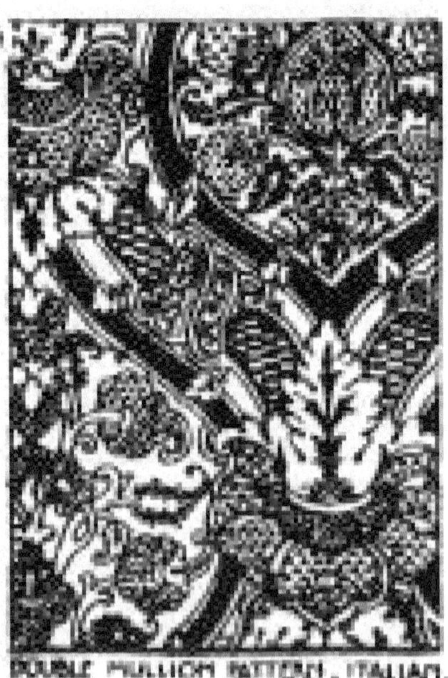

MODÈLE DOUBLE MENEAU, ITALIEN.

Les plus beaux velours et damas de soie produits à partir des métiers à tisser de Florence montrent une influence persane distincte dans leurs motifs audacieux d'artichauts et de grenades des XVIe et XVIIe siècles. A Gênes, des motifs similaires ont été produits sur de nombreux velours colorés , et il est singulier de voir à quel point cette persistance des types prévaut dans tous les pays.

SOIE ITALIENNE XVIe SIÈCLE

En 1480, Louis XI. introduisit cet art en France, lorsque les métiers à tisser furent établis à Tours, et en 1520 ils furent établis à Lyon par François Ier, et l'art du tissage se répandit rapidement. Les premiers tissus de ces métiers à tisser ont des motifs similaires aux tissus persans et italiens ; mais bientôt le motif du vase, qui avait sans doute son origine dans les textiles byzantins et qui avait été utilisé par les Perses et les Italiens, commença à influencer les créations françaises. Cependant, vers le milieu du XVIIe siècle, cela a rapidement cédé la place aux imitations de rubans et de dentelles dans les tissus textiles, ainsi qu'à un traitement plus naturaliste des formes florales, et la beauté, la suggestivité et l'intérêt des premiers motifs ont désormais cédé la place à la joliesse. , une affectation et un traitement naturaliste qui culminent à l'époque de Madame Pompadour.

La remarquable invention des cartes perforées pour faciliter le tissage des tissus figurés fut introduite par Bonchon , 1725, et poursuivie par Falcon en 1728, par Vancanson en 1745, et perfectionnée par Joseph Marie Jacquard, 1752-1834.

La révocation de l'édit de Nantes en 1685 par Louis XIV poussa un grand nombre de tisserands à venir en Angleterre, apportant avec eux leur art et leur tradition, et beaucoup s'établirent à Spitalfields qui prit bientôt une certaine importance. Les motifs étaient nécessairement d'un traitement purement français, consistant en des arrangements naturels de fleurs ; un croquis est ici donné d'un dessin de Spitalfields pour un damas de soie.

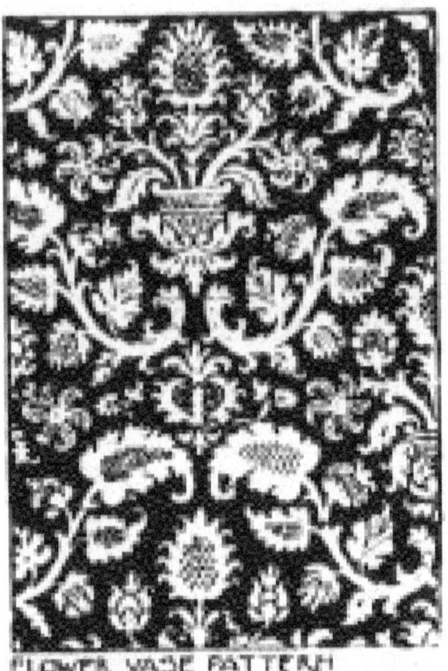

MOTIF DE VASE DE FLEURS

Les tissus textiles des Flandres ont atteint un haut degré de perfection aux XVIe et XVIIe siècles, Bruges étant célèbre pour ses damas et velours de soie, les motifs représentant le persan traditionnel ou le type grenade et artichaut des textiles florentins. L'imprimerie à la planche a été introduite en Flandre au XVe siècle et de nombreux motifs raffinés aux motifs indiens ont été produits jusqu'au XVIIe siècle.

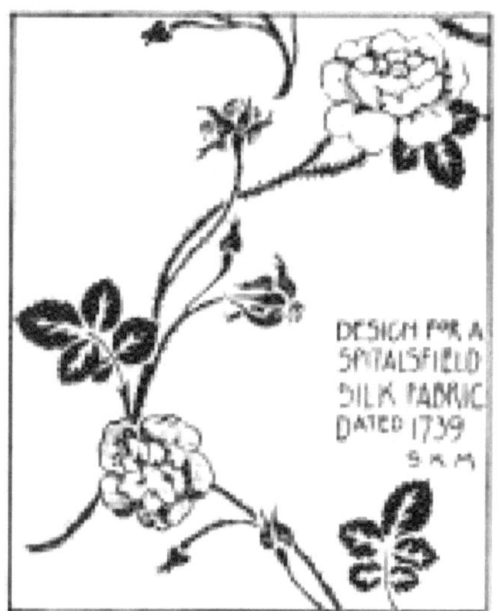

CONCEPTION POUR UN TISSU DE SOIE SPITALSFIELD
DATÉ DE 1739 SKM

A Ypres, on fabriquait du lin fin et Gand était célèbre pour ses lainages , mais la remarquable prospérité de la Flandre fut détruite par l'occupation espagnole (1556-1648).

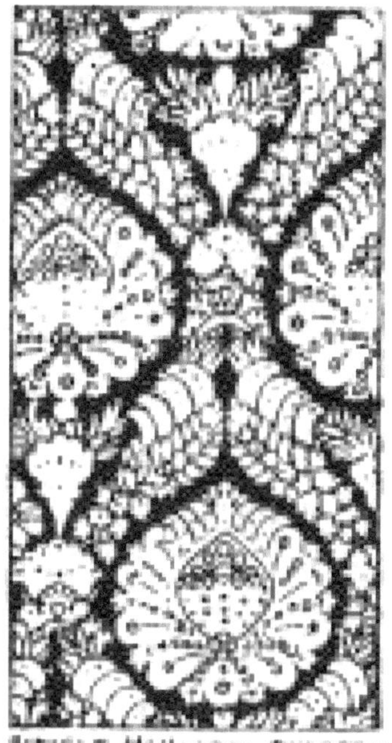

MODÈLE DE MENEAU SIMPLE

Ensuite, un grand nombre de tisserands flamands sont venus en Angleterre et se sont installés dans de nombreuses régions du pays, apportant leurs traditions et leur savoir-faire, qui ont sans aucun doute eu une influence très marquée sur la production de tissus en coton et en laine en Angleterre.

La tapisserie, dont de nombreux beaux exemples des XVIe et XVIIe siècles sont conservés dans nos musées et palais, diffère de la plupart des tissus par sa méthode de production, qui consiste à entrelacer et à nouer de courts morceaux de trames colorées , qui forment le motif, pour une chaîne solide, une trame de fond étant jetée sur chaque duite pour bien lier le matériau ;

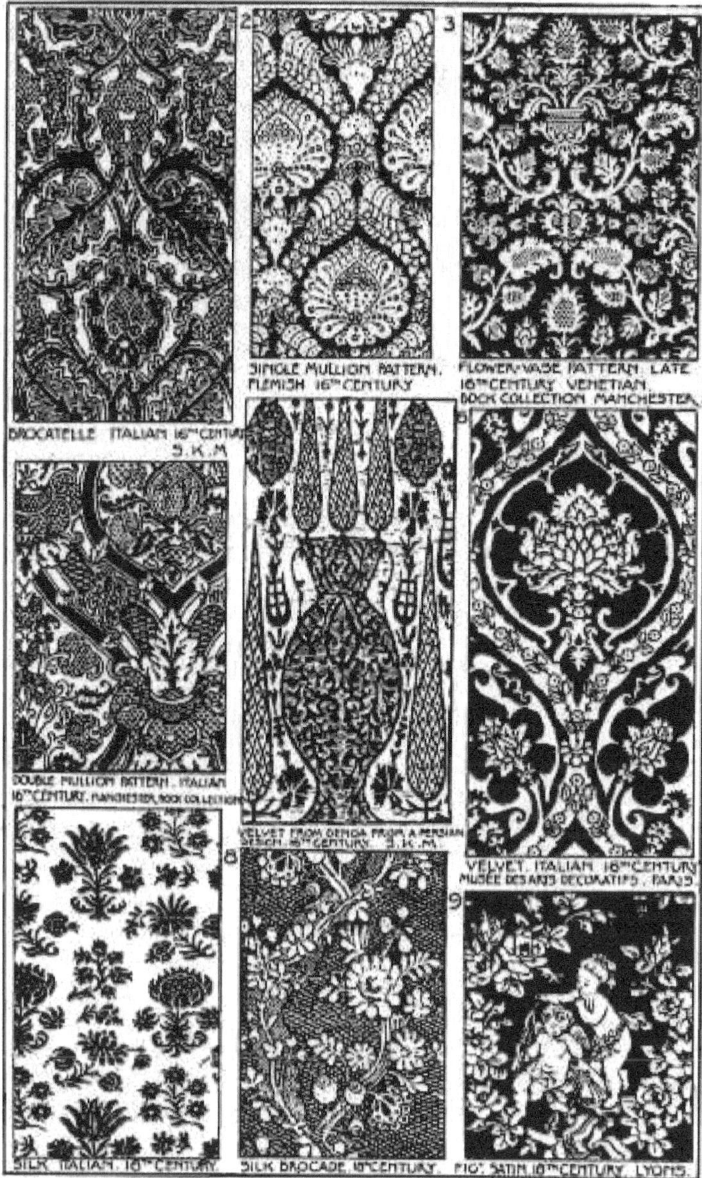

c'est à peu près la même méthode que celle utilisée dans la fabrication des tapis indiens et persans. C'est aux XIVe et XVe siècles, à Arras, en Flandre, que les tapisseries légendaires ont atteint leur apogée et que les ouvriers tapissiers sont devenus une guilde des plus puissantes. À partir de 1480 environ, Bruxelles produisit de nombreuses magnifiques tentures d'après les dessins des grands maîtres de la Renaissance italienne. Les célèbres cartons de Raphaël qui se trouvent aujourd'hui au South Kensington Museum sont les dessins originaux des dix tapisseries fabriquées à Bruxelles pour le pape Léon X pour l'enrichissement de la chapelle Sixtine au Vatican ; les sept dessins, dont trois perdus, furent achetés par Charles Ier.

Beaucoup de grands peintres flamands ont également conçu pour les tapisseries bruxelloises, comme Van Orley , Van Leyden et Jan Mabuse.

François Ier fit installer des métiers à tapisseries à Fontainbleau en 1339, sous la direction de l'Italien Serlio , mais il fallut attendre la manufacture de tapisserie des Gobelins en 1603 dans le faubourg Saint Marcel par le Flamand Marc de Comans . et François de la Planche , cette tapisserie française a atteint une quelconque importance. Sous le ministre Colbert, en 1667, la manufacture Royale des Gobelins produit de nombreuses belles tapisseries conçues par le chef de l'établissement, Charles le Brun.

Vers 1590, certains tapis appelés Savonnerie étaient fabriqués au Louvre, la technique étant quelque peu similaire aux tapis persans mais les motifs étaient plus picturaux et naturalistes dans leur traitement ; de belles tapisseries furent également produites à Beauvais et à Aubusson. La tapisserie avait été fabriquée en Angleterre dès le règne d'Édouard III, mais ce n'est qu'à l'époque de Jacques Ier qu'elle prit une quelconque importance, lorsqu'une manufacture de tapisserie fut établie à Mortlake par Francis Crane.

De belles tapisseries flamandes se trouvent au musée de South Kensington et huit grandes pièces de Bernard Van Orley se trouvent dans le Grand Hall de Hampton Court. Les cartons en couleurs de Mantegna à Hampton Court, représentant le triomphe de César , devaient être reproduits en tapisserie pour le duc de Mantoue. Il y a quelques belles tapisseries des Gobelins et de Beauvais au château de Windsor qui étaient des cadeaux de la Cour de France, et elles montrent toutes la technique la plus consommée, la beauté des matières et l'harmonie des couleurs .

La célèbre tapisserie de Bayeux est brodée en laines colorées sur fond de lin blanc. Il mesure 214 pieds de longueur et 22 pouces de largeur et est divisé en 72 compartiments avec des incidents représentant l'invasion normande de l'Angleterre par Guillaume Ier.

Bien que réputé être l'œuvre de la reine Mathilde, il est probable qu'il s'agisse de l'œuvre de mains anglaises quelques années après l'invasion. Cette broderie ou tapisserie est encore conservée dans la cathédrale de Bayeux.

La remarquable civilisation des Incas ou des Péruviens est montrée dans les nombreux objets splendides des arts industriels aujourd'hui conservés dans nos musées. De ces reliques d'une civilisation disparue, le textile

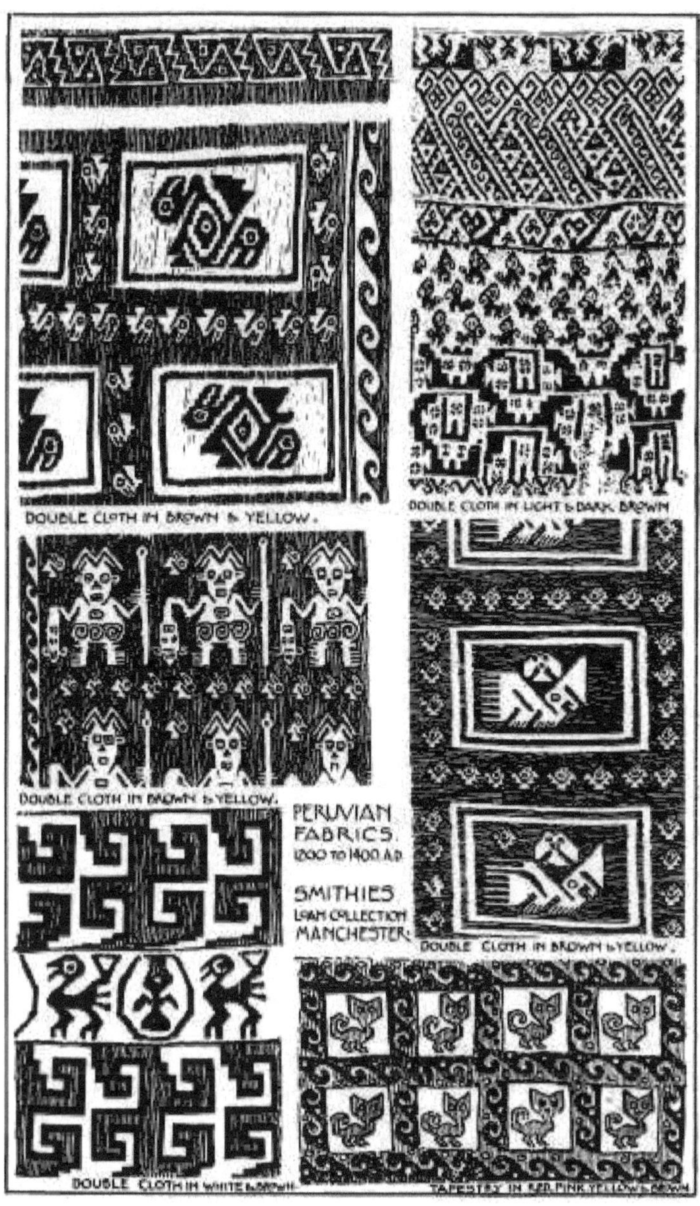

DOUBLE CLOTH IN BROWN & YELLOW.
DOUBLE CLOTH IN LIGHT & DARK BROWN
DOUBLE CLOTH IN BROWN & YELLOW.
PERUVIAN FABRICS.
1200 TO 1400 A.D.
SMITHIES
LOAN COLLECTION
MANCHESTER.
DOUBLE CLOTH IN BROWN & YELLOW.
DOUBLE CLOTH IN WHITE & BROWN
TAPESTRY IN RED, PINK, YELLOW & BROWN

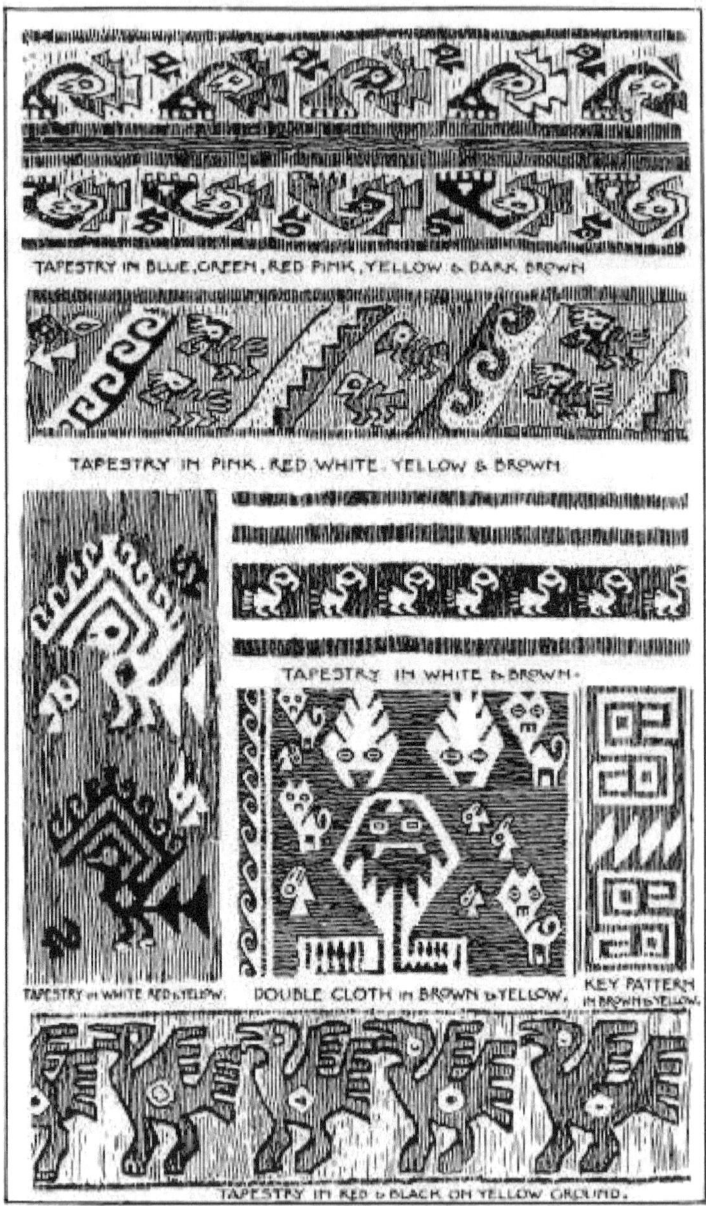

les tissus sont peut-être les plus instructifs et les plus intéressants. La haute technicité de l'artisanat, le filage fin de la laine et du coton et la perfection de la teinture du fil, ainsi que le tissage habile des tissus et des tapisseries figurés, sont un hommage à la vitalité et à la civilisation d'un peuple lointain. de toutes les influences asiatiques ou européennes.

La plupart des tissus sont en tissu double, de couleur marron foncé et paille pâle , et présentent la même couleur et le même motif des deux côtés du tissu. Certains tissus sont tissés en tapisserie, avec de courts brins de laine colorée insérés dans le tissu à l'aide de l'aiguille, et ils ressemblent un peu à la tapisserie des Gobelins dans leur méthode de production.

Quelques-uns de ces tissus de coton péruviens sont ornés au moyen d'ouvrages noués ou noués, identiques au Bandhana ou ouvrage noué appelé Chunti Cloth, de la province du nord-ouest de l'Inde. Ces motifs noués sont constitués de points simples disposés en lignes carrées, en zigzag ou courbes. Le motif est d'abord marqué d'une terre rouge sur le tissu uni ; puis le motif ou les taches sont étroitement liés avec du fil de coton et le tout trempé dans la teinture qui n'agit que sur les parties non liées du tissu ; on obtient ainsi un motif blanc sur fond coloré , les deux faces étant identiques.

Ces textiles péruviens sont remarquables par l'absence de la belle flore du Pérou comme éléments de décoration. Le fylfot ou frette est une forme fréquente d'enrichissement (planches 40 - 41 .) Le rouleau ondulé si typique du travail grec est également un élément remarquable de l'ornement péruvien et illustre le développement singulier des mêmes idées et aspects de forme chez les gens ainsi éloignés les uns des autres comme les Grecs et les Péruviens.

Mais les motifs qui différencient nettement les exemples péruviens de tous les autres styles sont les traitements conventionnels des figures, des oiseaux, des poissons et des animaux. Le lama se distingue par de nombreux motifs, mais les formes d'oiseaux sont les plus remarquables, présentant de nombreuses variations de type et de traitement. Des illustrations sont données dans les planches 40 et 41 , toutes tirées de la Smithies Loan Collection à Manchester. D'autres exemples de ces tissus intéressants peuvent être vus dans la collection Smithies à South Kensington, montrant la merveilleuse diversité du traitement de la conception de motifs par un peuple aussi éloigné que les Péruviens.

Il est difficile de fixer une date pour ces exemples péruviens, mais comme on sait que sous le règne d'Inca Pachacutic (vers 1390), l'art de la céramique était à son apogée, on peut supposer que l'art frère du tissage a atteint sa perfection vers la même période, et s'est poursuivie jusqu'à la conquête espagnole au XVIe siècle.

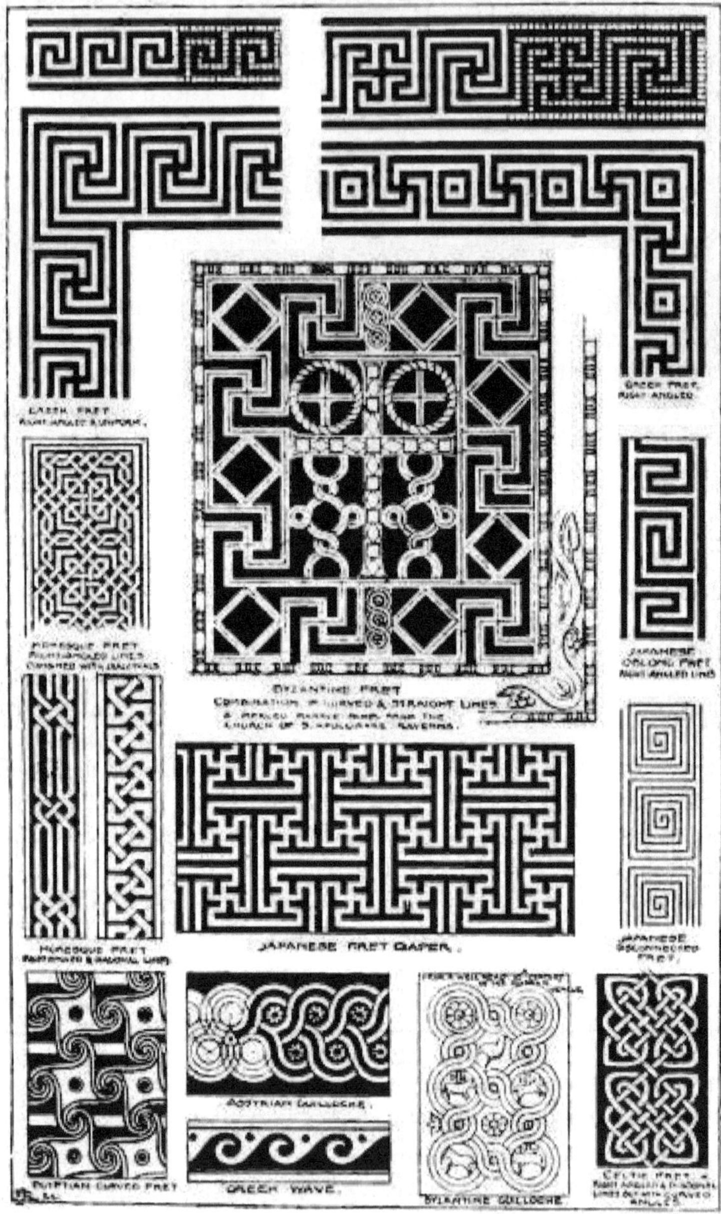

FRETTES.

La remarquable universalité de la frette, la simplicité et le rythme des détails, son adaptabilité et son utilité pour l'enrichissement de la surface, ont fait de la frette l'une des formes d'ornementation les plus connues . Il était utilisé dans les décorations de surface des tombeaux égyptiens, des temples grecs et des bâtiments civils et domestiques de Rome.

La forme grecque avec ses touches angulaires droites et équidistantes était utilisée sur les bouliers simples et les fascias unis de l'architecture dorienne, en bandes sur les vases peints, et sous une forme concentrique lorsqu'elle était utilisée à l'intérieur de la circulaire à figures rouges. cylix. Les Romains, sans apporter de fraîcheur, utilisaient le même motif à angle droit, principalement comme bordures pour les pavements en mosaïque et sur les soffites horizontaux de leur architecture. Les Byzantins utilisant le même type en conjonction avec la croix et le cercle donnaient plus d'importance à la frette.

La frette arabe se distingue par l'utilisation de la ligne oblique avec la touche à angle droit, obtenant un merveilleux degré de complexité et de richesse.

La frette celtique est principalement diagonale, mais l'angle récurrent est arrondi en courbe.

Les frettes chinoises et japonaises sont généralement à angle droit et sont utilisées à profusion, souvent dans un domaine ou un arrière-plan secondaire.

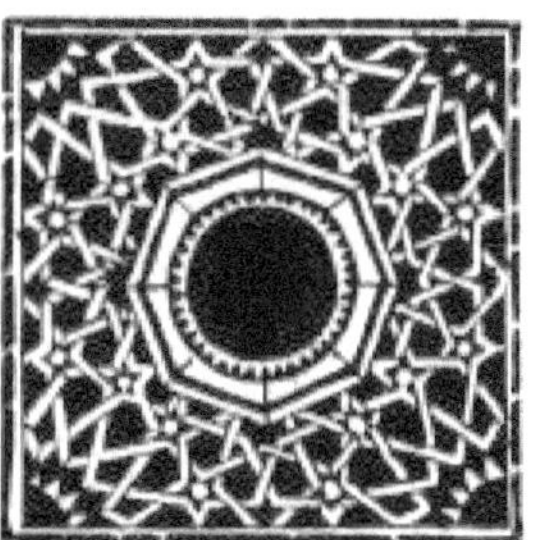

MOSAÏQUE MURALE DE MARBRES COLORÉS

La clé japonaise ou « *Fret diaper* » est utilisée avec la plus grande profusion ; il est utilisé aussi bien sur les soies que sur les brocards, damasquinés en métal, en émail cloisonné et dans les travaux laqués, et est fréquemment disposé en compartiments ou médaillons de forme irrégulière.

La bordure de frette continue grecque est rarement utilisée par les Japonais, qui utilisent généralement la frette déconnectée ou irrégulière. Une bordure irrégulière similaire était utilisée par les Péruviens (planche 41), par les Mexicains et par les indigènes de Polynésie.

Le guilloche assyrien et byzantin n'est qu'une frette courbe, mais un intérêt supplémentaire est donné par l'introduction de formes rayonnantes dans les principaux interstices de la frette (fig. 5, planche 11.)

Planche 43 .

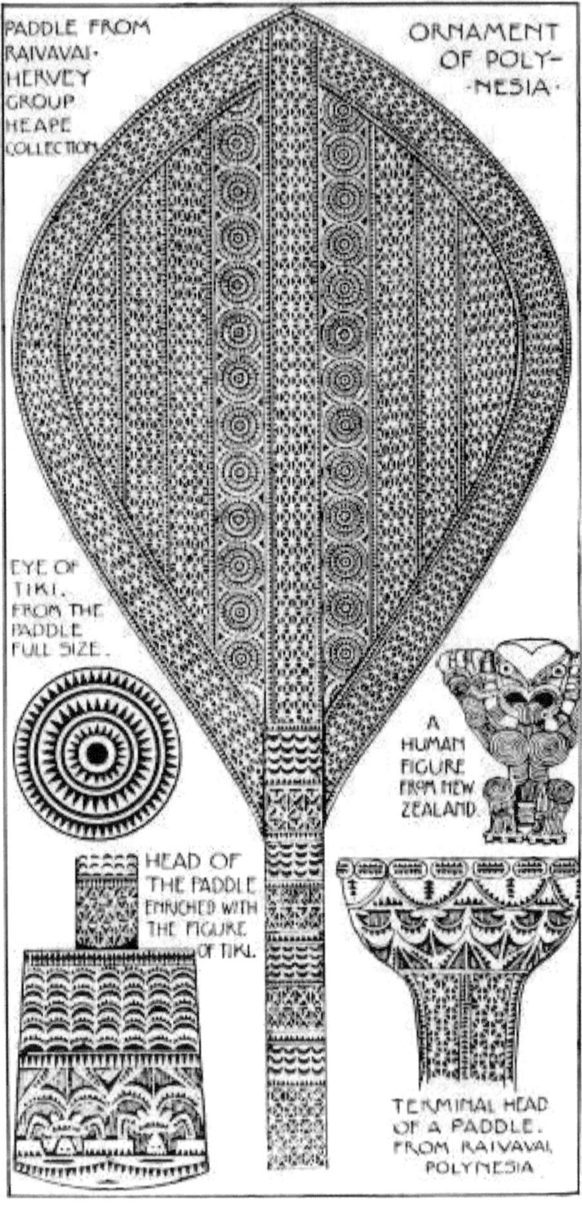

CONTINUITÉ
DU STYLE

L'architecture et l'ornementation ont toujours été influencées par la tradition, l'influence raciale, les mythes et les croyances religieuses du peuple, et se sont développées avec le progrès de la nation, culminant souvent dans une grande époque. Souvent, la continuité était assurée par une race contemporaine ou ultérieure, modifiée par des conditions et des environnements différents, tout en conservant le style dans ses caractéristiques générales, ou bien, ce fil de continuité était parfois perdu pendant un certain temps, pour ensuite renaître dans une nouvelle vie. doté d'une nouvelle vitalité et d'une beauté, culminant à nouveau dans la splendeur . Puis de nouvelles idées et conditions religieuses ont greffé leur symbolisme et leurs traditions sur le style, formant ainsi une nouvelle période dans l'histoire de l'art.

L'ornement est l'expression du peuple ou de l'art sacerdotal et, dans son état primitif, il était utilisé symboliquement. L'ornementation de la Polynésie et de la Mélanésie témoigne probablement de cet état primitif de l'ornementation. Aussi isolés que soient ces insulaires de l'influence de l'art oriental ou occidental, et avec peu de communication entre les différentes îles, l'art ornemental de ces peuples a ses propres traditions et caractéristiques, chaque province ou groupe d'îles montrant des idées et des détails différents en proportion. En ce qui concerne sa culture ou son état de civilisation, la Nouvelle-Zélande présente le développement le plus élevé et l'Australie le plus faible, tandis que chez les Marquisiens , l'ornement est constitué d'écritures presque pures. L'illustration de la belle pagaie de la collection Heape , avec son ornementation géométrique, montre la continuité et le développement ornemental de la représentation de la figure humaine, choisie à l'origine par le sacerdoce pour sa signification ou sa divinité.

En Europe et en Asie, toute trace de cette étape primitive a cessé d'exister. Le développement et la continuité des idées et des coutumes, les traditions de style et d'artisanat perpétuées à travers de nombreux siècles de l'histoire du monde ont effacé le style d'ornement primitif, choisi d'abord pour sa signification ou son caractère emblématique.

Des exemples remarquables de poteries et de tissus tissés ont été récemment découverts dans les anciens cimetières du Pérou – reliques des Incas – bien avant la conquête espagnole. De nombreux beaux exemples de ces textiles tissés de coton et de laine se trouvent maintenant au musée de South Kensington , formant la collection Smithies, et, comme dans l'ornement de Polynésie, les formes florales sont totalement absentes, l'ornement étant constitué de représentations conventionnelles de la figure humaine. avec la chouette, le condor et le toucan, mêlés à la volute ondulée et à la frette, éléments sans doute choisis pour leur signification.

De nombreuses et belles illustrations pourraient être choisies dans l'histoire de l'ornement, montrant cette continuité et cette persistance des lignes et des formes ainsi que leur influence remarquable sur les races contemporaines et ultérieures.

La forme et l'enrichissement de la Capitale Architecturale offrent peut-être l'un des domaines d'étude les plus intéressants et instructifs de l'histoire et de l'évolution de l'architecture. La remarquable persistance de la capitale en tant qu'élément distinctif de l'architecture peut être retracée à travers de nombreux siècles, bien que différenciée par les conditions climatiques et les influences raciales, tout en préservant une remarquable similitude de forme et d'enrichissement entre les différentes nations de la terre.

La fonction du chapiteau est de soutenir et de transmettre aux colonnes le poids de l'entablement ou de l'archivolte, et la beauté et la pertinence du chapiteau dépendent :

D'abord sur ce traitement fonctionnel de la force ;

Deuxièmement, sur la beauté du profil ou de la masse ;

Troisièmement, sur l'enrichissement et la proportion du capital.

Le digne chapiteau dorique des Grecs illustre ces fonctions et conditions par sa parfaite adaptabilité, sa simple force fonctionnelle, la beauté de son profil, la pertinence de son enrichissement et de ses proportions et l'harmonie de ses parties, qualités essentielles à la beauté de l'architecture. Dans le Parthénon, 438 avant JC, nous avons le traitement le plus raffiné de ce chapiteau, un traitement plein de dignité, de réserve et d'unisson de profil (planche 6). Les nombreux exemples de l'Ordre Dorique en Grèce et dans ses colonies attestent de l'estime dans laquelle cet ordre était tenu par les Grecs. Le chapiteau indien (planche 24) présente le même traitement fonctionnel par l'emploi de consoles ou de modillons, qui sont sans doute une survivance d'une construction en bois, et qui sont typiques de l'architecture orientale.

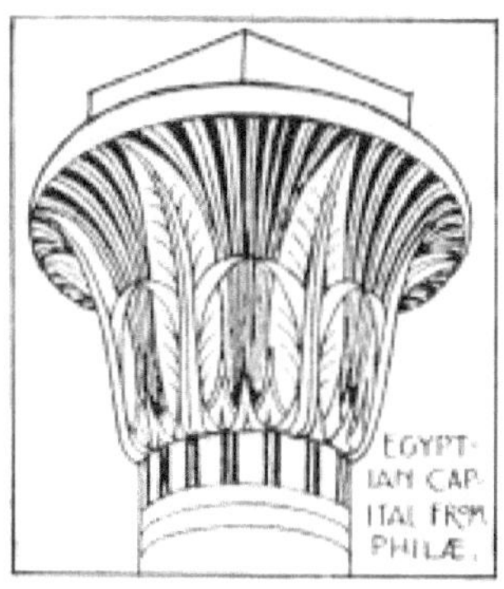

La remarquable persistance du profil et l'enrichissement du capital s'étalant sur une période de 4 000 ans peuvent être illustrés par une série de diagrammes d'exemples typiques. Le profil du chapiteau n'a pas varié de manière appréciable dans les exemples donnés ici, et l'enrichissement de la cloche est remarquable par sa persistance, bien que différencié par des influences raciales. Le chapiteau corinthien, avec ses volutes et feuillages d'acanthes, n'est que la continuité architecturale du chapiteau égyptien. Le seul exemple grec pur de cet ordre provient du monument de Lysicrate , mais les Romains ont continué la tradition, l'assimilant et l'élaborant jusqu'à produire les magnifiques chapiteaux du portique du Panthéon et du temple de Castor et Pollux. Dans ces exemples, les feuilles sont disposées en série de deux rangées de huit feuilles chacune, les volutes jaillissant de gaines et de tiges entre les feuilles, qui soutiennent l'angle des volutes. L'exemple du gothique français primitif présente des caractéristiques similaires et illustre la continuité du style.

La capitale ionique, bien que l'une des plus persistantes de l'histoire de l'architecture, n'a jamais atteint la perfection architectonique des autres capitales. Cela était sans doute dû au fait que l'origine du bois était incompatible avec les nécessités de la pierre et du marbre. Il y a un manque d'unité entre les volutes et les ovolo du chapiteau ; bref, il n'y a ni cohérence ni harmonie de parties. Le savoir-faire exquis des chapiteaux de l' Erectheum , avec leur enrichissement en hymnes de la plus grande pureté, la beauté de l'ovolo et la subtilité des volutes compense dans une certaine mesure le manque d'unisson (planche 6). L'enrichissement du chapiteau architectural est sans doute une survivance de l'habitude primitive de lier des formes florales autour du simple chapiteau fonctionnel, ces formes se perpétuant ensuite dans la pierre ou le marbre.

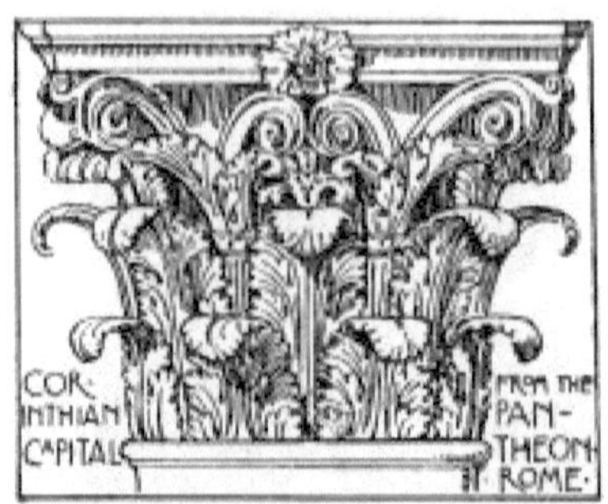

CAPITALE CORINTHIENNE DU PANTHÉON DE ROME.

Dans les premiers exemples corinthiens, ces formes florales étaient souvent en métal battu, ce qui, à son tour, donnait lieu au magnifique feuillage de marbre des Grecs et des Romains.

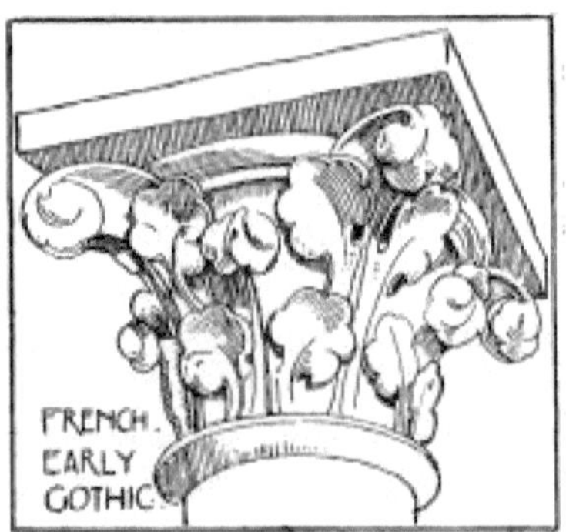

FRANÇAIS. DÉBUT GOTHIQUE.

Que les anciens utilisaient le travail du métal dans leurs chapiteaux, nous en avons la preuve abondante. Dans les descriptions de la construction du Temple de Salomon, nous lisons : « Deux chapiteaux en laiton fondu à placer sur les piliers, et des filets en damier et une couronne de chaînes à placer au sommet des piliers. »

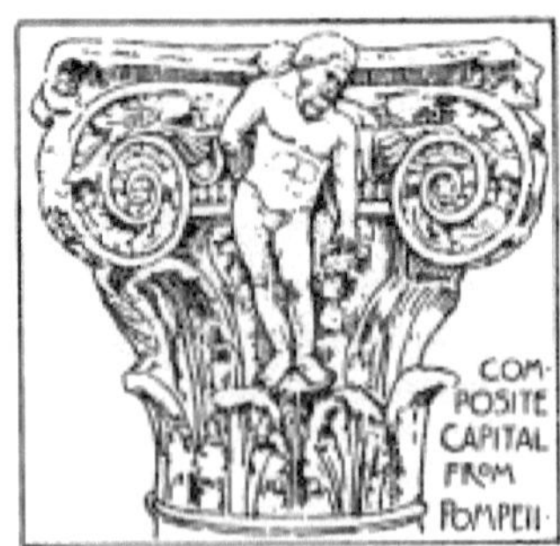

CAPITAL COMPOSITE DE POMPÉI.

Le chapiteau Composite est déficient en cohérence et unité des pièces, présentant les mêmes défauts que son prototype l'Ionique. L'illustration annexée de la Rome antique donne un traitement inhabituel par l'introduction de la figure humaine au centre du visage du chapiteau.

Le chapiteau byzantin diffère de ceux des Grecs et des Romains par son symbolisme marqué des détails et la prédominance de la forme en coussin. Sur le plan fonctionnel, ce type de chapiteau est admirable, mais il lui manque la croissance vigoureuse des chapiteaux égyptiens et du début du gothique.

Les chapiteaux byzantins présentent une merveilleuse complexité et une variété de détails, tels que des cercles et des croix entrelacés avec leur symbolisme mystique, des vanneries, des détails en damier et le feuillage d'acanthe traditionnel des Grecs.

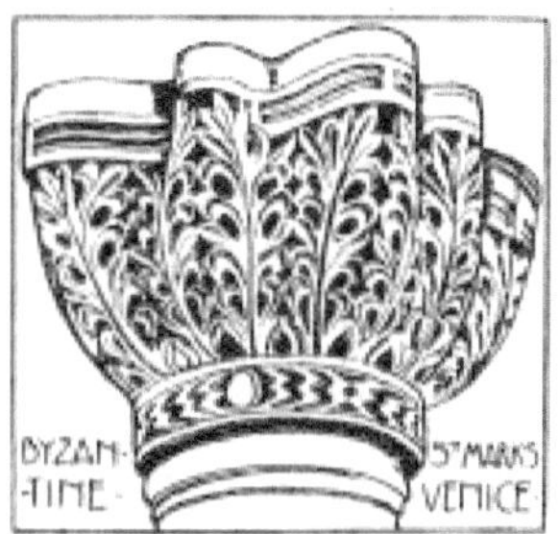

**BYZANTIN. S ** —

BYZANTIN. S ᵀ MARQUE VENISE.

Ces caractéristiques se voient avec la plus grande profusion à Sainte-Sophie de Constantinople ; S. Apollinaire et S. Vitale à Ravenne, et S. Marco à Venise. Ces splendides chapiteaux d'une époque splendide sont extrêmement beaux par leur inventivité fertile d'enrichissement et montrent le pouvoir d'assimilation des artisans byzantins. L'utilisation abondante de damiers , de couronnes de chaînes et de lys dans les chapiteaux byzantins, dont beaucoup sont représentés dans les « Pierres de Venise » de Ruskin, montre la continuité du style et de la tradition de l'architecture.

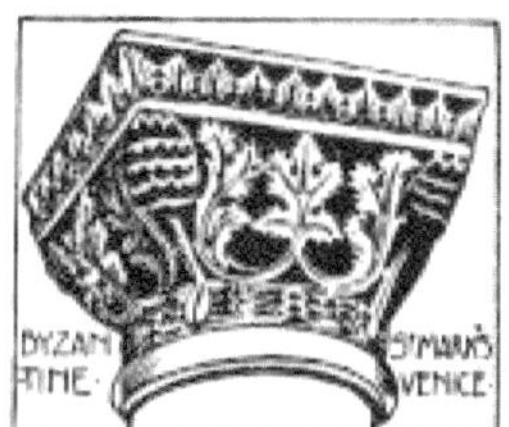

BYZANTINE S ᵀ MARQUE VENISE.

Les chapiteaux byzantins ont le boulier carré, généralement constitué d'un simple filet et d'un chanfrein enrichi du motif billette, denticule ou étoile. Le Dosseret , complément singulier de la capitale, fut introduit à cette époque ;

c'était une pierre en forme de coussin ou de cabine placée sur le boulier du chapiteau pour donner une hauteur supplémentaire (planche 11).

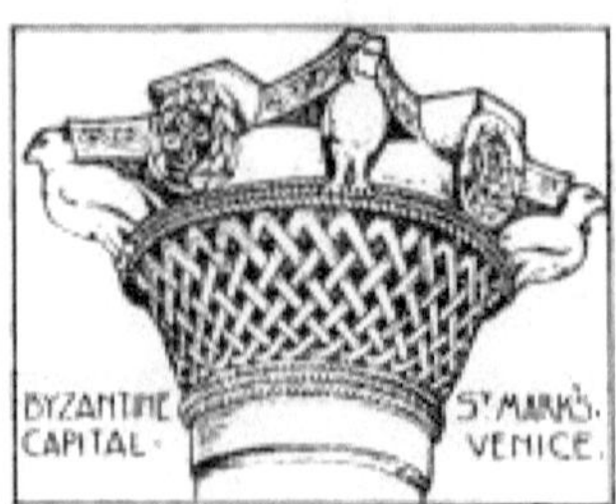

LA CAPITALE BYZANTINE LA VENISE DE S ᵀ MARC.

L'influence byzantine est visible sur les chapiteaux normands avec leur boulier carré de filet et de chanfrein, et le profil en coussin du chapiteau. Quelques chapiteaux siculo-normands remarquables se trouvent dans les cloîtres du monastère bénédictin de Monreale en Sicile, 1174-1184 après JC. La grande fécondité d'inventivité des 200 chapiteaux, leur storiation , le mélange de personnages, d'oiseaux et d'animaux aux feuillages classiques et byzantins font de ce cloître l'un des plus remarquables de l'histoire du monde. Le chapiteau arabe, qui présente fréquemment la volute traditionnelle, se distingue de la forme typique en forme de cloche par son profil carré marqué avec des reliefs plats ou bas enrichis de couleur .

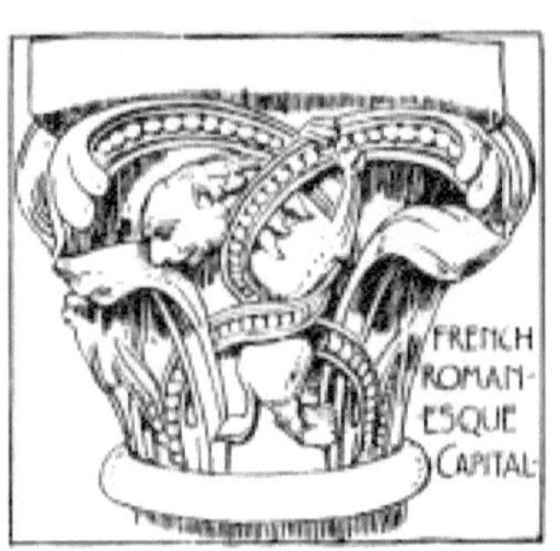

CAPITALE ROMAINE FRANÇAISE.

Le chapiteau du gothique primitif est l'un des plus vigoureux et des plus beaux. La parfaite adaptabilité de son feuillage à la sculpture sur pierre, l'importance de ses détails comme emblématiques de la Trinité, la croissance en spirale de son feuillage et le vigoureux contraste d'ombre et de lumière sont les principales caractéristiques de cette période. Manquant peut-être de la délicatesse ou de la variété des détails de la période byzantine ou de l'œuvre gothique ultérieure, elle les surpassait par la pertinence de son enrichissement, qui est plus beau dans les premiers exemples anglais avec leur boulier circulaire que dans les chapiteaux français contemporains où le le boulier carré était répandu. La transition de la colonne circulaire au boulier carré a toujours été ressentie comme une difficulté et a rarement été surmontée, mais dans le boulier circulaire des premiers chapiteaux anglais, nous avons une rupture dans la continuité du style du chapiteau.

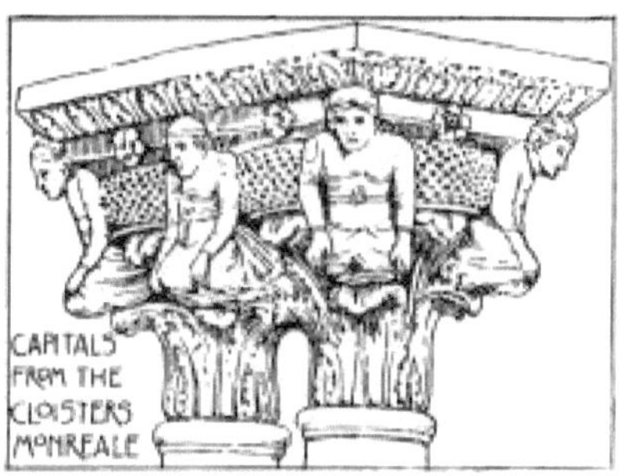

CAPITALES DES CLOITRES DE MONTRÉALE.

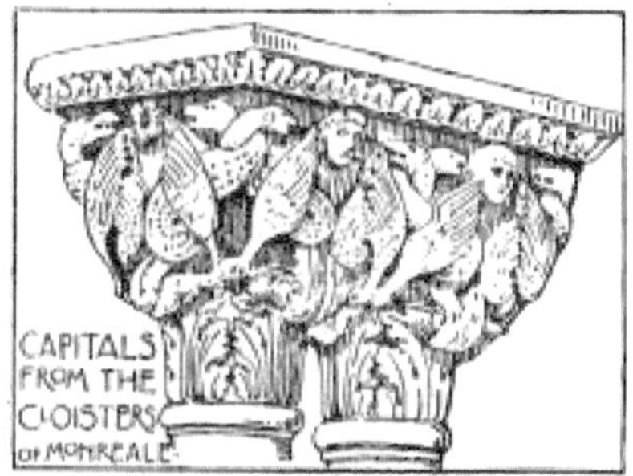

CAPITALES DES CLOÎTRES DE MONTRÉALE.

Le feuillage anglais de cette période diffère du feuillage français par l'utilisation d'une nervure médiane profonde et d'une simple feuille de trèfle. Les exemples français ont une nervure médiane moins prononcée, et la feuille est de forme convexe et divisée en trois lobes, et le feuillage adhère plus étroitement à la cloche, d'où le brillant jeu d'ombre et de lumière qui est si caractéristique des premiers travaux anglais. , est généralement absent des exemples français (fig. 12, planche 16).

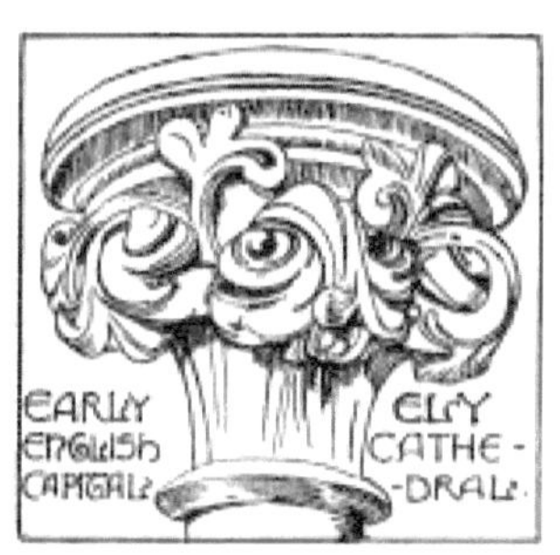

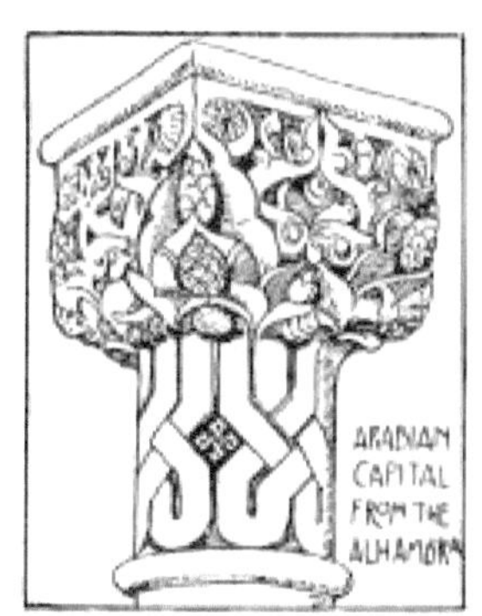

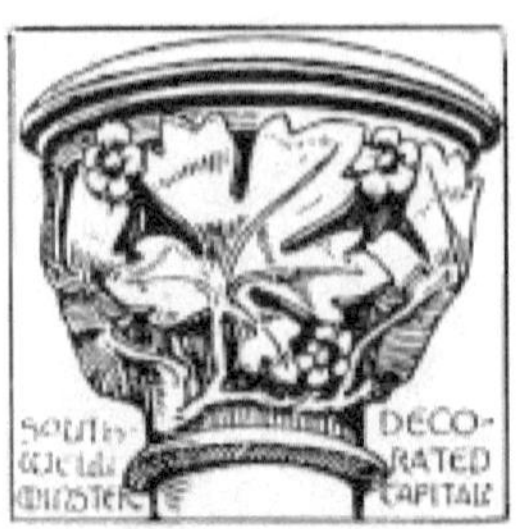

CAPITALES DÉCORÉES DU SUD-WESTMINSTER

Les chapiteaux gothiques décorés diffèrent essentiellement de ceux de la période gothique primitive, un type de feuillage plus naturel étant utilisé, composé de briony, d'érable, de mauve et de chêne. Ce feuillage a été sculpté avec une délicatesse singulière de toucher et de grâce de profil, et est beau dans sa modélisation et ses jeux d' ombre et de lumière, mais souvent les chapiteaux sont triviaux dans leur conception et leur disposition, manquant de ce caractère architectonique qui est si essentiel à toute construction architecturale. caractéristiques.

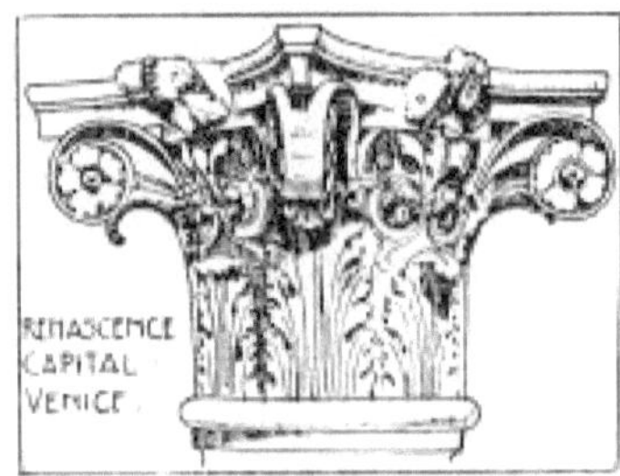

CAPITALE DE LA RENASCENCE VENISE.

Le chapiteau perpendiculaire ou gothique tardif était généralement de forme octogonale avec un feuillage carré conventionnel de la vigne, témoignant d'une décadence marquée dans la tradition et l'artisanat (fig. 9, planche 17).

La capitale de la Renaissance était souvent marquée par un sens aigu du profil, un savoir-faire splendide, une diversité d'enrichissement et une vitalité de conception, plus particulièrement en Italie, où la tradition architecturale culminait dans les œuvres d'hommes aussi remarquables que Leon Battista Alberti, Bramante, Baldassare Peruzzi, San Micheli , Serlio , Palladio et Sansovenio . La tradition fut dignement perpétuée en France par Pierre Lescot, Jean Bullant , Philipert de Lorme et De Brosse, et en Angleterre par Inigo Jones, Wren et Chambers.

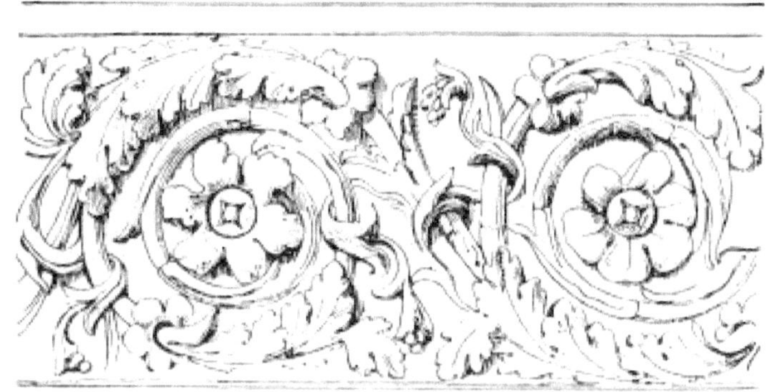

PARCHEMIN ROMAIN.

TERMES UTILISÉS DANS
L'ART ORNEMENTAL.

L'ornement est le moyen par lequel la beauté ou la signification est conférée à l'utilité. C'est soit symbolique, soit esthétique. L'ornement symbolique se compose d'éléments ou de formes choisis en raison de leur *signification* . L'ornement esthétique se compose de formes ou d'éléments choisis pour leur seule *beauté* ou leur pouvoir de faire appel aux sens.

Parmi les styles d'ornement historiques, les styles égyptien, assyrien, byzantin, scandinave, persan, indien, gothique, polynésien et une grande partie du chinois et du japonais sont symboliques, avec des éléments et des détails ornementaux choisis pour leur signification ; tandis que dans l'ornement grec, romain et de la Renaissance, le motif purement esthétique est caractéristique.

L'ornement, encore une fois, peut être naturel ou conventionnel – imitatif ou inventif. Les termes « naturel » et « imitatif » ont la même signification, c'est-à-dire la copie exacte de formes naturelles, de sorte qu'elles deviennent principales, et non secondaires comme devrait l'être l'ornement parfait. L'ornement conventionnel est l'adaptation des formes naturelles aux exigences ornementales et techniques, et se manifeste dans sa plus grande beauté dans le traitement franc par les Indiens et les Perses de leur flore et de leur faune pour l'enrichissement décoratif de leurs tissus textiles, poteries et bijoux .

L'ornement inventif est celui qui est constitué d'éléments qui ne proviennent d'aucune source naturelle ; le style mauresque est un bon exemple de ce type.

Les *éléments* d'ornement sont les détails ou les formes choisis pour les motifs ornementaux, et les *principes* de l'ornement sont l'agencement de ces formes et détails ; ils comprennent la répétition, l'alternance, la symétrie, le rayonnement, l'équilibre, la proportion, la variété, l'eurythmie, le contraste, l'intersection, la complication, la forme physique et l'utilité.

La répétition est l'utilisation d'éléments dans une série continue ; *L'alternance* est la répétition d'un élément à intervalles réguliers, avec l'intervention d'autres éléments ; *Symétrie* : lorsque les lignes directrices sont égales ou similaires (ou réciproques) des deux côtés ; *Rayonnement* : lorsque les lignes naissent d'un centre , par exemple, une aile d'oiseau et la fleur de marguerite ; *Equilibre* et *proportion* : lorsque la relation et l'harmonie des parties sont basées sur des lois naturelles ; *La variété* implique une différence dans les détails, en ce qui concerne la forme ou le type ; *Eurythmie* signifie rythmes ou harmonie dans l'ornement ; *Le contraste* est l'agencement très proche de couleurs ou de formes de caractères opposés, comme la ligne droite avec la courbe, ou la lumière avec l'obscurité ; *L'intersection* est le croisement des lignes directrices, les styles arabe, mauresque et celtique sont des exemples de ce principe ; *La complication* est l'effet produit par des éléments disposés de manière à être plus ou moins difficiles à tracer à l'œil nu : comme dans la clé japonaise et le motif mauresque en étoile. *La forme physique* et *l'utilité* , comme leurs noms l'indiquent, sont essentielles dans toutes les bonnes périodes d'ornementation.

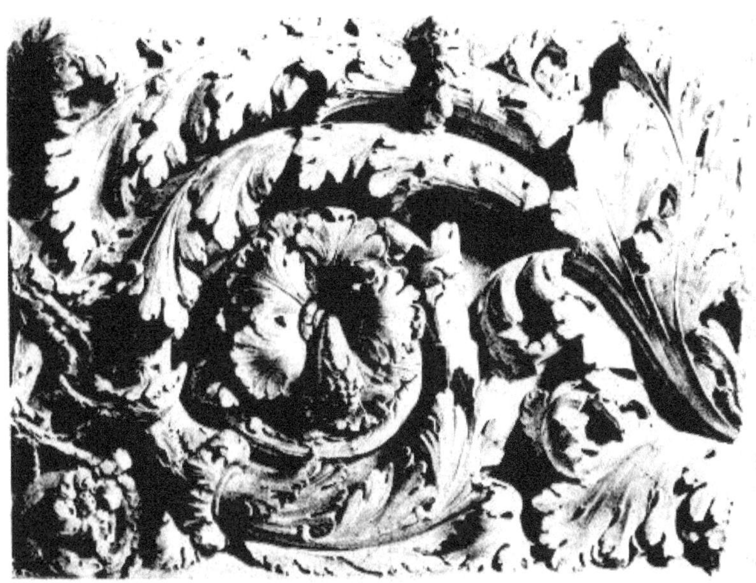

PARCHEMIN ROMAIN.